JOHANN WOLFGANG GOETHE

DIE NATÜRLICHE TOCHTER

TRAUERSPIEL IN FÜNF AUFZÜGEN

MIT EINEM NACHWORT
VON THEO STAMMEN

PHILIPP RECLAM JUN. STUTTGART

Universal-Bibliothek Nr. 114

Satz: Maschinensetzerei Bernhard Baumgarten, Esslingen/Neckar
Druck und Bindung: Reclam, Ditzingen
Printed in Germany 1999

ISBN 3-15-000114-5

PERSONEN

König
Herzog
Graf
Eugenie
Hofmeisterin
Sekretär
Weltgeistlicher
Gerichtsrat
Gouverneur
Äbtissin
Mönch

ERSTER AUFZUG

Dichter Wald.

ERSTER AUFTRITT

König. Herzog.

K ö n i g. Das flücht'ge Ziel, das Hunde, Roß und Mann,
Auf seine Fährte bannend, nach sich reißt,
Der edle Hirsch, hat über Berg und Tal
So weit uns irrgeführt, daß ich mich selbst,
Obgleich so landeskundig, hier nicht finde.
Wo sind wir, Oheim? Herzog, sage mir,
Zu welchen Hügeln schweiften wir heran?
H e r z o g. Der Bach, der uns umrauscht, mein König, fließt
Durch deines Dieners Fluren, die er deiner
Und deiner Ahnherrn königlicher Gnade,
Als erster Lehnsmann deines Reiches, dankt.
An jenes Felsens andrer Seite liegt
Am grünen Hang ein artig Haus versteckt,
Dich zu bewirten keineswegs gebaut;
Allein bereit, dich huld'gend zu empfangen.
K ö n i g. Laß dieser Bäume hochgewölbtes Dach
Zum Augenblick des Rastens freundlich schatten.
Laß dieser Lüfte liebliches Geweb'
Uns leis umstricken, daß an Sturm und Streben
Der Jagdlust auch der Ruhe Lust sich füge.
H e r z o g. Wie du auf einmal völlig abgeschieden
Hier hinter diesem Bollwerk der Natur,
Mein König, dich empfindest, fühl ich mit.
Hier dränget sich der Unzufriednen Stimme,
Der Unverschämten offne Hand nicht nach.
Freiwillig einsam merkest du nicht auf,
Ob Undankbare schleichend sich entfernen.
Die ungestüme Welt reicht nicht hierher,
Die immer fordert, nimmer leisten will.

König. Soll ich vergessen, was mich sonst bedrängt,
So muß kein Wort erinnernd mich berühren.
Entfernten Weltgetöses Widerhall
Verklinge, nach und nach, aus meinem Ohr.
Ja, lieber Oheim, wende dein Gespräch
Auf Gegenstände, diesem Ort gemäßer.
Hier sollen Gatten aneinander wandeln,
Ihr Stufenglück in wohlgeratnen Kindern
Entzückt betrachten; hier ein Freund dem Freunde,
Verschloßnen Busen traulich öffnend, nahn.
Und gabst du nicht erst neulich stille Winke,
Du hofftest mir, in ruh'gen Augenblicken,
Verborgenes Verhältnis zu bekennen,
Drangvoller Wünsche holden Inbegriff,
Erfüllung hoffend, heiter zu gestehn?
Herzog. Mit größrer Gnade konntest du mich nicht,
O Herr, beglücken, als indem du mir
In diesem Augenblick die Zunge lösest.
Was ich zu sagen habe, könnt' es wohl
Ein andrer besser hören als mein König,
Dem unter allen Schätzen seine Kinder
Am herrlichsten entgegenleuchten, der
Vollkommner Vaterfreuden Hochgenuß
Mit seinem Knechte herzlich teilen wird?
König. Du sprichst von Vaterfreuden! Hast du je
Sie denn gefühlt? Verkümmerte dir nicht
Dein einz'ger Sohn durch rohes, wildes Wesen,
Verworrenheit, Verschwendung, starren Trutz
Dein reiches Leben, dein erwünschtes Alter?
Verändert er auf einmal die Natur?
Herzog. Von ihm erwart ich keine frohen Tage!
Sein trüber Sinn erzeugt nur Wolken, die,
Ach! meinen Horizont so oft verfinstern.
Ein anderes Gestirn, ein andres Licht
Erheitert mich. Und wie in dunklen Grüften,
Das Märchen sagt's, Karfunkelsteine leuchten,
Mit herrlich mildem Schein der öden Nacht
Geheimnisvolle Schauer hold beleben,
So ward auch mir ein Wundergut beschert,
Mir Glücklichem! das ich mit Sorgfalt, mehr

Als den Besitz ererbt errungner Güter,
Als meiner Augen, meines Lebens Licht,
Mit Freud' und Furcht, mit Lust und Sorge pflege.

König. Sprich vom Geheimnis nicht geheimnisvoll.

Herzog. Wer spräche vor der Majestät getrost
Von seinen Fehlern, wenn sie nicht allein
Den Fehl in Recht und Glück verwandeln könnte.

König. Der wonnevoll geheim verwahrte Schatz?

Herzog. Ist eine Tochter.

König. Eine Tochter? Wie?
Und suchte, Fabelgöttern gleich, mein Oheim,
Zum niedern Kreis verstohlen hingewandt,
Sich Liebesglück und väterlich Entzücken?

Herzog. Das Große wie das Niedre nötigt uns,
Geheimnisvoll zu handeln und zu wirken.
Nur allzuhoch stand jene heimlich mir
Durch wundersam Geschick verbundne Frau,
Um welche noch dein Hof in Trauer wandelt
Und meiner Brust geheime Schmerzen teilt.

König. Die Fürstin? Die verehrte, nah verwandte,
Nur erst verstorbne?

Herzog. War die Mutter! Laß,
O laß mich nur von diesem Kinde reden,
Das, seiner Eltern wert und immer werter,
Mit edlem Sinne sich des Lebens freut.
Begraben sei das übrige mit ihr,
Der hochbegabten, hochgesinnten Frauen.
Ihr Tod eröffnet mir den Mund, ich darf
Vor meinem König meine Tochter nennen,
Ich darf ihn bitten: sie zu mir herauf,
Zu sich heraufzuheben, ihr das Recht
Der fürstlichen Geburt vor seinem Hofe,
Vor seinem Reiche, vor der ganzen Welt
Aus seiner Gnadenfülle zu bewähren.

König. Vereint in sich die Nichte, die du mir,
So ganz erwachsen, zuzuführen denkst,
Des Vaters und der Mutter Tugenden,
So muß der Hof, das königliche Haus,
Indem uns ein Gestirn entzogen wird,
Den Aufgang eines neuen Sterns bewundern.

Herzog. O kenne sie, eh' du zu ihrem Vorteil
Dich ganz entscheidest. Laß ein Vaterwort
Dich nicht bestechen! Manches hat Natur
Für sie getan, das ich entzückt betrachte,
Und alles, was in meinem Kreise webt,
Hab ich um ihre Kindheit hergelagert.
Schon ihren ersten Weg geleiteten
Ein ausgebildet Weib, ein weiser Mann.
Mit welcher Leichtigkeit, mit welchem Sinn
Erfreut sie sich des Gegenwärtigen,
Indes ihr Phantasie das künft'ge Glück
Mit schmeichelhaften Dichterfarben malt.
An ihrem Vater hängt ihr frommes Herz,
Und wenn ihr Geist den Lehren edler Männer,
Sich stufenweis entwickelnd, friedlich horcht,
So mangelt Übung ritterlicher Tugend
Dem wohlgebauten, festen Körper nicht.
Du selbst, mein König, hast sie unbekannt
Im wilden Drang der Jagd um dich gesehn.
Ja, heute noch, die Amazonentochter,
Die in den Fluß dem Hirsche sich zuerst
Auf raschem Pferde flüchtig nachgestürzt.
König. Wir sorgten alle für das edle Kind!
Ich freue mich, sie mir verwandt zu hören.
Herzog.
Und nicht zum erstenmal empfand ich heute,
Wie Stolz und Sorge, Vaterglück und Angst
Zu übermenschlichem Gefühl sich mischen.
König. Gewaltsam und behende riß das Pferd
Sich und die Reiterin auf jenes Ufer,
In dichtbewachsner Hügel Dunkelheit.
Und so verschwand sie mir.
Herzog. Noch einmal hat
Mein Auge sie gesehen, eh' ich sie
Im Labyrinth der hast'gen Jagd verlor.
Wer weiß, welch ferne Gegend sie durchstreift,
Verdroßnen Muts, am Ziel sich nicht zu finden,
Wo, ihrem angebeteten Monarchen sich
In ehrerbietiger Entfernung anzunähern,
Allein ihr jetzt erlaubt ist, bis er sie

Als Blüte seines hochbejahrten Stammes
Mit königlicher Huld zu grüßen würdigt.
König. Welch ein Getümmel seh ich dort entstehn?
Welch einen Zulauf nach den Felsenwänden?
(Er winkt nach der Szene.)

ZWEITER AUFTRITT

Die Vorigen. Graf.

König. Warum versammelt sich die Menge dort?
Graf. Die kühne Reiterin ist eben jetzt
Von jener Felsenwand herabgestürzt.
Herzog. Gott!
König. Ist sie sehr beschädigt?
Graf. Eilig hat
Man deinen Wundarzt, Herr, dahingerufen.
Herzog. Was zaudr' ich? Ist sie tot, so bleibt mir nichts,
Was mich im Leben länger halten kann.

DRITTER AUFTRITT

König. Graf.

König. Kennst du den Anlaß der Begebenheit?
Graf. Vor meinen Augen hat sie sich ereignet.
Ein starker Trupp von Reitern, welcher sich
Durch Zufall von der Jagd getrennt gesehn,
Geführt von dieser Schönen, zeigte sich
Auf jener Klippen waldbewachsner Höhe.
Sie hören, sehen unten in dem Tal
Den Jagdgebrauch vollendet, sehn den Hirsch
Als Beute liegen seiner kläffenden
Verfolger. Schnell zerstreuet sich die Schar,
Und jeder sucht sich einzeln seinen Pfad,
Hier oder dort, mehr oder weniger
Durch einen Umweg. Sie allein besinnt
Sich keinen Augenblick, und nötiget
Ihr Pferd von Klipp' zu Klippe, grad herein.
Des Frevels Glück betrachten wir erstaunt;

Denn ihr gelingt es eine Weile, doch
Am untern steilen Abhang gehn dem Pferde
Die letzten, schmalen Klippenstufen aus,
Es stürzt herunter, sie mit ihm. So viel
Konnt ich bemerken, eh' der Menge Drang
Sie mir verdeckte. Doch ich hörte bald
Nach deinem Arzte rufen. So erschein ich nun
Auf deinen Wink, den Vorfall zu berichten.

König. O möge sie ihm bleiben! Fürchterlich
Ist einer, der nichts zu verlieren hat.

Graf. So hat ihm dieser Schrecken das Geheimnis
Auf einmal abgezwungen, das er sonst
Mit so viel Klugheit zu verbergen strebte?

König. Er hatte schon sich völlig mir vertraut.

Graf. Die Lippen öffnet ihm der Fürstin Tod,
Nun zu bekennen, was für Hof und Stadt
Ein offenbar Geheimnis lange war.
Es ist ein eigner, grillenhafter Zug,
Daß wir durch Schweigen das Geschehene
Für uns und andre zu vernichten glauben.

König. O laß dem Menschen diesen edlen Stolz!
Gar vieles kann, gar vieles muß geschehn,
Was man mit Worten nicht bekennen darf.

Graf. Man bringt sie, fürcht ich, ohne Leben her!

König. Welch unerwartet, schreckliches Ereignis!

VIERTER AUFTRITT

Die Vorigen. Eugenie, auf zusammengeflochtenen Ästen für tot hereingetragen. Herzog. Wundarzt. Gefolge.

Herzog *(zum Wundarzt).*
Wenn deine Kunst nur irgend was vermag,
Erfahrner Mann, dem unsres Königs Leben,
Das unschätzbare Gut, vertraut ist, laß
Ihr helles Auge sich noch einmal öffnen,
Daß Hoffnung mir in diesem Blick erscheine!
Daß aus der Tiefe meines Jammers ich
Nur Augenblicke noch gerettet werde!
Vermagst du dann nichts weiter, kannst du sie

Nur wenige Minuten mir erhalten:
So laßt mich eilen, vor ihr hinzusterben,
Daß ich im Augenblick des Todes noch
Getröstet rufe: Meine Tochter lebt!

König. Entferne dich, mein Oheim! daß ich hier
Die Vaterpflichten treulich übernehme.
Nichts unversucht läßt dieser wackre Mann.
Gewissenhaft, als läg' ich selber hier,
Wird er um deine Tochter sich bemühen.

Herzog. Sie regt sich!

König. Ist es wahr?

Graf. Sie regt sich!

Herzog. Starr
Blickt sie zum Himmel, blickt verirrt umher.
Sie lebt! sie lebt!

König *(ein wenig zurücktretend)*.
Verdoppelt eure Sorge!

Herzog. Sie lebt! sie lebt! Sie hat dem Tage wieder
Ihr Aug' eröffnet. Ja! sie wird nun bald
Auch ihren Vater, ihre Freunde kennen.
Nicht so umher, mein liebes Kind, verschwende
Die Blicke staunend, ungewiß; auf mich,
Auf deinen Vater wende sie zuerst.
Erkenne mich, laß meine Stimme dir
Zuerst das Ohr berühren, da du uns
Aus jener stummen Nacht zurückekehrst.

Eugenie *(die indes nach und nach zu sich gekommen ist und sich aufgerichtet hat)*.
Was ist aus uns geworden?

Herzog. Kenne mich
Nun erst! – Erkennst du mich?

Eugenie. Mein Vater!

Herzog. Ja!
Dein Vater, den mit diesen holden Tönen
Du aus den Armen der Verzweiflung rettest.

Eugenie. Wer bracht' uns unter diese Bäume?

Herzog *(dem der Wundarzt ein weißes Tuch gegeben)*.
Bleib
Gelassen, meine Tochter! Diese Stärkung,
Nimm sie mit Ruhe, mit Vertrauen an!

Eugenie *(sie nimmt dem Vater das Tuch ab, das er ihr vorgehalten, und verbirgt ihr Gesicht darin. Dann steht sie schnell auf, indem sie das Tuch vom Gesicht nimmt).*
Da bin ich wieder! – Ja, nun weiß ich alles.
Dort oben hielt ich, dort vermaß ich mich
Herabzureiten, grad herab. Verzeih!
Nicht wahr, ich bin gestürzt? Vergibst du mir's?
Für tot hob man mich auf! Mein guter Vater!
Und wirst du die Verwegne lieben können,
Die solche bittre Schmerzen dir gebracht?

Herzog. Zu wissen glaubt' ich, welch ein edler Schatz
In dir, o Tochter, mir beschieden ist;
Nun steigert mir gefürchteter Verlust
Des Glücks Empfindung ins Unendliche.

König *(der sich bisher im Grunde mit dem Wundarzt und dem Grafen unterhalten, zu dem letzten).*
Entferne jedermann! ich will sie sprechen.

FÜNFTER AUFTRITT

König. Herzog. Eugenie.

König *(nähertretend).* Hat sich die wackre Reiterin erholt?
Hat sie sich nicht beschädigt?

Herzog. Nein, mein König!
Und was noch übrig ist von Schreck und Weh,
Nimmst du, o Herr, durch deinen milden Blick,
Durch deiner Worte sanften Ton hinweg.

König. Und wem gehört es an, das liebe Kind?

Herzog *(nach einer Pause).*
Da du mich fragst, so darf ich dir bekennen;
Da du gebietest, darf ich sie vor dich
Als meine Tochter stellen.

König. Deine Tochter?
So hat für dich das Glück, mein lieber Oheim,
Unendlich mehr als das Gesetz getan.

Eugenie. Wohl muß ich fragen: ob ich wirklich denn
Aus jener tödlichen Betäubung mich
Ins Leben wieder aufgerafft? und ob,
Was mir begegnet, nicht ein Traumbild sei?

Mein Vater nennt vor seinem Könige
Mich seine Tochter. Oh, so bin ich's auch!
Der Oheim eines Königes bekennt
Mich für sein Kind, so bin ich denn die Nichte
Des großen Königs. O verzeihe mir
Die Majestät! wenn aus geheimnisvollem,
Verborgnem Zustand ich, ans Licht auf einmal
Hervorgerissen und geblendet, mich,
Unsicher, schwankend, nicht zu fassen weiß.
(Sie wirft sich vor dem König nieder.)

König. Mag diese Stellung die Ergebenheit
In dein Geschick, von Jugend auf, bezeichnen,
Die Demut, deren unbequeme Pflicht
Du, deiner höheren Geburt bewußt,
So manches Jahr im stillen ausgeübt!
Doch sei auch nun, wenn ich von meinen Füßen
Zu meinem Herzen dich heraufgehoben,
(er hebt sie auf und drückt sie sanft an sich)
Wenn ich des Oheims heil'gen Vaterkuß
Auf dieser Stirne schönen Raum gedrückt,
So sei dies auch ein Zeichen, sei ein Siegel:
Dich, die Verwandte, hab ich anerkannt
Und werde bald, was hier geheim geschah,
Vor meines Hofes Augen wiederholen.

Herzog. So große Gabe fordert ungeteilten
Und unbegrenzten Dank des ganzen Lebens.

Eugenie. Von edlen Männern hab ich viel gelernt,
Auch manches lehrte mich mein eigen Herz;
Doch meinen König anzureden, bin
Ich nicht entfernterweise vorbereitet.
Doch wenn ich schon das ganz Gehörige
Dir nicht zu sagen weiß, so möcht' ich doch
Vor dir, o Herr, nicht ungeschickt verstummen.
Was fehlte dir? was wäre dir zu bringen?
Die Fülle selber, die zu dir sich drängt,
Fließt, nur für andre strömend, wieder fort.
Hier stehen Tausende, dich zu beschützen,
Hier wirken Tausende nach deinem Wink;
Und wenn der einzelne dir Herz und Geist
Und Arm und Leben fröhlich opfern wollte:

In solcher großen Menge zählt er nicht,
Er muß vor dir und vor sich selbst verschwinden.

König. Wenn dir die Menge, gutes, edles Kind,
Bedeutend scheinen mag, so tadl' ich's nicht;
Sie ist bedeutend, mehr noch aber sind's
Die wenigen, geschaffen, dieser Menge
Durch Wirken, Bilden, Herrschen vorzustehn.
Berief hierzu den König die Geburt,
So sind ihm seine nächsten Anverwandten
Geborne Räte, die, mit ihm vereint,
Das Reich beschützen und beglücken sollten.
O träte doch in diese Regionen,
Zum Rate dieser hohen Wächter, nie
Vermummte Zwietracht, leise wirkend, ein!
Dir, edle Nichte, geb ich einen Vater
Durch allgewalt'gen, königlichen Spruch;
Erhalte mir nun auch, gewinne mir
Des nahverwandten Mannes Herz und Stimme!
Gar viele Widersacher hat ein Fürst:
O laß ihn jene Seite nicht verstärken!

Herzog. Mit welchem Vorwurf kränkest du mein Herz!

Eugenie. Wie unverständlich sind mir diese Worte!

König. O lerne sie nicht allzu früh verstehn!
Die Pforten unsres königlichen Hauses
Eröffn' ich dir mit eigner Hand; ich führe
Auf glatten Marmorboden dich hinein.
Noch staunst du dich, noch staunst du alles an.
Und in den innern Tiefen ahnest du
Nur sichre Würde mit Zufriedenheit.
Du wirst es anders finden! Ja, du bist
In eine Zeit gekommen, wo dein König
Dich nicht zum heitren, frohen Feste ruft,
Wenn er den Tag, der ihm das Leben gab,
In kurzem feiern wird; doch soll der Tag
Um deinetwillen mir willkommen sein:
Dort werd ich dich im offnen Kreise sehn,
Und aller Augen werden auf dir haften.
Die schönste Zierde gab dir die Natur;
Und daß der Schmuck der Fürstin würdig sei,
Die Sorge laß dem Vater, laß dem König.

Eugenie. Der freud'gen Überraschung lauter Schrei,
Bedeutender Gebärde dringend Streben,
Vermöchten sie die Wonne zu bezeugen,
Die du dem Herzen schaffend aufgeregt?
Zu deinen Füßen, Herr, laß mich verstummen.
(Sie will knien.)
König *(hält sie ab)*. Du sollst nicht knien.
Eugenie. Laß, o laß mich hier
Der völligsten Ergebung Glück genießen.
Wenn wir in raschen, mutigen Momenten
Auf unsern Füßen stehen, strack und kühn,
Als eigner Stütze froh uns selbst vertraun,
Dann scheint uns Welt und Himmel zu gehören.
Doch was in Augenblicken der Entzückung
Die Kniee beugt, ist auch ein süß Gefühl.
Und was wir unserm Vater, König, Gott,
Von Wonnedank, von ungemeßner Liebe
Zum reinsten Opfer bringen möchten, drückt
In dieser Stellung sich am besten aus.
(Sie fällt vor ihm nieder.)
Herzog *(kniet)*. Erneute Huldigung gestatte mir.
Eugenie. Zu ewigen Vasallen nimm uns an.
König. Erhebt euch denn und stellt euch neben mich,
Ins Chor der Treuen, die an meiner Seite
Das Rechte, das Beständige beschützen.
O diese Zeit hat fürchterliche Zeichen:
Das Niedre schwillt, das Hohe senkt sich nieder,
Als könnte jeder nur am Platz des andern
Befriedigung verworrner Wünsche finden,
Nur dann sich glücklich fühlen, wenn nichts mehr
Zu unterscheiden wäre, wenn wir alle,
Von *einem* Strom vermischt dahingerissen,
Im Ozean uns unbemerkt verlören.
O laßt uns widerstehen, laßt uns tapfer,
Was uns und unser Volk erhalten kann,
Mit doppelt neuvereinter Kraft erhalten!
Laßt endlich uns den alten Zwist vergessen,
Der Große gegen Große reizt, von innen
Das Schiff durchbohrt, das gegen äußre Wellen
Geschlossen kämpfend nur sich halten kann.

Eugenie. Welch frisch wohltät'ger Glanz umleuchtet mich
Und regt mich auf, anstatt mich zu verblenden!
Wie! unser König achtet uns so sehr,
Um zu gestehen, daß er uns bedarf:
Wir sind ihm nicht Verwandte nur, wir sind
Durch sein Vertraun zum höchsten Platz erhoben.
Und wenn die Edlen seines Königreichs
Um ihn sich drängen, seine Brust zu schützen,
So fordert er uns auf zu größerm Dienst.
Die Herzen dem Regenten zu erhalten,
Ist jedes Wohlgesinnten höchste Pflicht:
Denn, wo er wankt, wankt das gemeine Wesen,
Und wenn er fällt, mit ihm stürzt alles hin.
Die Jugend, sagt man, bilde sich zu viel
Auf ihre Kraft, auf ihren Willen ein;
Doch dieser Wille, diese Kraft, auf ewig,
Was sie vermögen, dir gehört es an.
Herzog. Des Kindes Zuversicht, erhabner Fürst,
Weißt du zu schätzen, weißt du zu verzeihen.
Und wenn der Vater, der erfahrne Mann,
Die Gabe dieses Tags, die nächste Hoffnung
In ihrem ganzen Werte fühlt und wägt,
So bist du seines vollen Danks gewiß.
König. Wir wollen bald einander wiedersehn,
An jenem Fest, wo sich die treuen Meinen
Der Stunde freun, die mir das Licht gegeben.
Dich geb ich, edles Kind, an diesem Tage
Der großen Welt, dem Hofe, deinem Vater
Und mir. Am Throne glänze dein Geschick.
Doch bis dahin verlang ich von euch beiden
Verschwiegenheit. Was unter uns geschehn,
Erfahre niemand. Mißgunst lauert auf,
Schnell regt sie Wog' auf Woge, Sturm auf Sturm;
Das Fahrzeug treibt an jähe Klippen hin,
Wo selbst der Steurer nicht zu retten weiß.
Geheimnis nur verbürget unsre Taten;
Ein Vorsatz, mitgeteilt, ist nicht mehr dein;
Der Zufall spielt mit deinem Willen schon;
Selbst wer gebieten kann, muß überraschen.
Ja, mit dem besten Willen leisten wir

So wenig, weil uns tausend Willen kreuzen.
O wäre mir zu meinen reinen Wünschen
Auch volle Kraft auf kurze Zeit gegeben:
Bis an den letzten Herd im Königreich
Empfände man des Vaters warme Sorge.
Begnügte sollten unter niedrem Dach,
Begnügte sollten im Palaste wohnen.
Und hätt' ich einmal ihres Glücks genossen,
Entsagt' ich gern dem Throne, gern der Welt.

SECHSTER AUFTRITT

Herzog. Eugenie.

Eugenie. O welch ein selig jubelvoller Tag!
Herzog. O möcht' ich Tag auf Tage so erleben!
Eugenie. Wie göttlich hat der König uns beglückt.
Herzog. Genieße rein so ungehoffte Gaben.
Eugenie. Er scheint nicht glücklich, ach! und ist so gut.
Herzog. Die Güte selbst erregt oft Widerstand.
Eugenie. Wer ist so hart, sich ihm zu widersetzen?
Herzog. Der Heil des Ganzen von der Strenge hofft.
Eugenie. Des Königs Milde sollte Milde zeugen.
Herzog. Des Königs Milde zeugt Verwegenheit.
Eugenie. Wie edel hat ihn die Natur gebildet.
Herzog. Doch auf zu hohen Platz hinaufgestellt.
Eugenie. Und ihn mit so viel Tugend ausgestattet.
Herzog. Zur Häuslichkeit, zum Regimente nicht.
Eugenie. Von altem Heldenstamme grünt er auf.
Herzog. Die Kraft entgeht vielleicht dem späten Zweige.
Eugenie. Die Schwäche zu vertreten, sind wir da.
Herzog. Sobald er unsre Stärke nicht verkennt.
Eugenie *(nachdenklich)*.
Mich leiten seine Reden zum Verdacht.
Herzog. Was sinnest du? Enthülle mir dein Herz.
Eugenie *(nach einer Pause)*.
Auch du bist unter denen, die er fürchtet.
Herzog. Er fürchte jene, die zu fürchten sind.
Eugenie. Und sollten ihm geheime Feinde drohen?
Herzog. Wer die Gefahr verheimlicht, ist ein Feind.

Wo sind wir hingeraten! Meine Tochter!
Wie hat der sonderbarste Zufall uns
Auf einmal weggerissen nach dem Ziel.
Unvorbereitet red ich, übereilt
Verwirr ich dich, anstatt dich aufzuklären.
So mußte dir der Jugend heitres Glück
Beim ersten Eintritt in die Welt verschwinden.
Du konntest nicht in süßer Trunkenheit
Der blendenden Befriedigung genießen.
Das Ziel erreichst du; doch des falschen Kranzes
Verborgne Dornen ritzen deine Hand.
Geliebtes Kind! so sollt' es nicht geschehn!
Erst nach und nach, so hofft' ich, würdest du
Dich aus Beschränkung an die Welt gewöhnen,
Erst nach und nach den liebsten Hoffnungen
Entsagen lernen, manchem holden Wunsch.
Und nun auf einmal, wie der jähe Sturz
Dir vorbedeutet, bist du in den Kreis
Der Sorgen, der Gefahr herabgestürzt.
Mißtrauen atmet man in dieser Luft,
Der Neid verhetzt ein fieberhaftes Blut
Und übergibt dem Kummer seine Kranken.
Ach! soll ich nun nicht mehr ins Paradies,
Das dich umgab, am Abend wiederkehren,
Zu deiner Unschuld heil'gem Vorgefühl
Mich von der Welt gedrängter Posse retten!
Du wirst fortan, mit mir ins Netz verstrickt,
Gelähmt, verworren, dich und mich betrauren.

Eugenie.

Nicht so, mein Vater! Konnt' ich schon bisher,
Untätig, abgesondert, eingeschlossen,
Ein kindlich Nichts, die reinste Wonne dir,
Schon in des Daseins Unbedeutenheit
Erholung, Trost und Lebenslust gewähren:
Wie soll die Tochter erst, in dein Geschick
Verflochten, im Gewebe deines Lebens
Als heitrer, bunter Faden künftig glänzen!
Ich nehme teil an jeder edlen Tat,
An jeder großen Handlung, die den Vater
Dem König und dem Reiche werter macht.

Mein frischer Sinn, die jugendliche Lust,
Die mich belebt, sie teilen dir sich mit,
Verscheuchen jene Träume, die der Welt
Unüberwindlich ungeheure Last
Auf *eine* Menschenbrust zerknirschend wälzen.
Wenn ich dir sonst in trüben Augenblicken
Ohnmächt'gen guten Willen, arme Liebe,
Dir leere Tändeleien kindlich bot:
Nun hoff ich, eingeweiht in deine Plane,
Bekannt mit deinen Wünschen, mir das Recht
Vollbürt'ger Kindschaft rühmlich zu erwerben.

Herzog. Was du bei diesem wicht'gen Schritt verlierst,
Erscheint dir ohne Wert und ohne Würde;
Was du erwartest, schätzest du zu sehr.

Eugenie. Mit hocherhabnen, hochbeglückten Männern
Gewalt'ges Ansehn, würd'gen Einfluß teilen:
Für edle Seelen reizender Gewinn!

Herzog. Gewiß! Vergib, wenn du in dieser Stunde
Mich schwächer findest, als dem Manne ziemt.
Wir tauschten sonderbar die Pflichten um:
Ich soll dich leiten, und du leitest mich.

Eugenie. Wohl denn, mein Vater, tritt mit mir herauf
In diese Regionen, wo mir eben
Die neue, heitre Sonne sich erhebt!
In diesen muntren Stunden lächle nur,
Wenn ich den Inbegriff von meinen Sorgen
Dir auch eröffne.

Herzog. Sage, was es ist.

Eugenie. Der wichtigen Momente gibt's im Leben
Gar manche, die mit Freude, die mit Trauer
Des Menschen Herz bestürmen. Wenn der Mann
Sein Äußeres in solchem Fall vergißt,
Nachlässig oft sich vor die Menge stellt,
So wünscht ein Weib noch, jedem zu gefallen,
Durch ausgesuchte Tracht, vollkommnen Schmuck
Beneidenswert vor andern zu erscheinen.
Das hab ich oft gehört und oft bemerkt,
Und nun empfind ich im bedeutendsten
Momente meines Lebens, daß auch ich
Der mädchenhaften Schwachheit schuldig bin.

Herzog. Was kannst du wünschen, das du nicht erlangst?
Eugenie. Du bist geneigt, mir alles zu gewähren,
Ich weiß es. Doch der große Tag ist nah,
Zu nah, um alles würdig zu bereiten;
Und was von Stoffen, Stickerei und Spitzen,
Was von Juwelen mich umgeben soll,
Wie kann's geschafft, wie kann's vollendet werden?
Herzog. Uns überrascht ein längst gewünschtes Glück;
Doch vorbereitet können wir's empfangen.
Was du bedarfst, ist alles angeschafft,
Und heute noch, verwahrt im edlen Schrein,
Erhältst du Gaben, die du nicht erwartet.
Doch leichte Prüfung leg ich dir dabei
Zum Vorbild mancher künftig schweren auf.
Hier ist der Schlüssel! den verwahre wohl!
Bezähme deine Neugier! öffne nicht,
Eh' ich dich wiedersehe, jenen Schatz.
Vertraue niemand, sei es, wer es sei.
Die Klugheit rät's, der König selbst gebeut's.
Eugenie. Dem Mädchen sinnst du harte Prüfung aus;
Doch will ich sie bestehn, ich schwör es dir!
Herzog. Mein eigner, wüster Sohn umlauert ja
Die stillen Wege, die ich dich geführt.
Der Güter kleinen Teil, den ich bisher
Dir schuldig zugewandt, mißgönnt er schon.
Erführ' er, daß du, höher nun empor
Durch unsres Königs Gunst gehoben, bald
In manchem Recht ihm gleich dich stellen könntest,
Wie müßt' er wüten! Würd' er tückisch nicht,
Den schönen Schritt zu hindern, alles tun?
Eugenie. Laß uns im stillen jenen Tag erharren.
Und wenn geschehn ist, was mich seine Schwester
Zu nennen mich berechtigt, soll's an mir,
Soll's an gefälligem Betragen, guten Worten,
Nachgiebigkeit und Neigung nicht gebrechen.
Er ist dein Sohn; und sollt' er nicht nach dir
Zur Liebe, zur Vernunft gebildet sein?
Herzog. Ich traue dir ein jedes Wunder zu:
Verrichte sie zu meines Hauses Bestem
Und lebe wohl. Doch ach! indem ich scheide,

Befällt mich grausend jäher Furcht Gewalt.
Hier lagst du tot in meinen Armen! Hier
Bezwang mich der Verzweiflung Tigerklaue.
Wer nimmt das Bild vor meinen Augen weg!
Dich hab ich tot gesehn! So wirst du mir
An manchem Tag, in mancher Nacht erscheinen.
War ich, entfernt von dir, nicht stets besorgt?
Nun ist's nicht mehr ein kranker Grillentraum,
Es ist ein wahres, unauslöschlichs Bild:
Eugenie, das Leben meines Lebens,
Bleich, hingesunken, atemlos, entseelt.
Eugenie. Erneue nicht, was du entfernen solltest,
Laß diesen Sturz, laß diese Rettung dir
Als wertes Pfand erscheinen meines Glücks.
Lebendig siehst du sie vor deinen Augen
(indem sie ihn umarmt)
Und fühlst lebendig sie an deiner Brust.
So laß mich immer, immer wiederkehren!
Und vor dem glühnden, liebevollen Leben
Entweiche des verhaßten Todes Bild.
Herzog. Kann wohl ein Kind empfinden, wie den Vater
Die Sorge möglichen Verlustes quält?
Gesteh ich's nur! Wie öfters hat mich schon
Dein überkühner Mut, mit dem du dich,
Als wie ans Pferd gewachsen, voll Gefühl
Der doppelten, zentaurischen Gewalt,
Durch Tal und Berg, durch Fluß und Graben schleuderst,
Wie sich ein Vogel durch die Lüfte wirft,
Ach, öfters mehr geängstigt als entzückt!
Daß doch gemäßigter dein Trieb fortan
Der ritterlichen Übung sich erfreue!
Eugenie. Dem Ungemeßnen beugt sich die Gefahr,
Beschlichen wird das Mäßige von ihr.
O fühle jetzt wie damals, da du mich,
Ein kleines Kind, in ritterliche Weise
Mit heitrer Kühnheit fröhlich eingeweiht!
Herzog. Ich hatte damals unrecht; soll mich nun
Ein langes Leben sorgenvoll bestrafen?
Und locket Übung des Gefährlichen
Nicht die Gefahr an uns heran?

Eugenie. Das Glück
Und nicht die Sorge bändigt die Gefahr.
Leb wohl, mein Vater, folge deinem König
Und sei nun auch um deiner Tochter willen
Sein redlicher Vasall, sein treuer Freund.
Leb wohl!
Herzog. O bleib! und steh an diescm Platz
Lebendig, aufrecht, noch einmal, wie du
Ins Leben wieder aufsprangst, wo mit Wonne
Du mein zerrissen Herz erfüllend heiltest.
Unfruchtbar bleibe diese Freude nicht!
Zum ew'gen Denkmal weih ich diesen Ort.
Hier soll ein Tempel aufstehn, der Genesung,
Der glücklichsten, gewidmet. Rings umher
Soll deine Hand ein Feenreich erschaffen.
Den wilden Wald, das struppige Gebüsch
Soll sanfter Gänge Labyrinth verknüpfen.
Der steile Fels wird gangbar, dieser Bach,
In reinen Spiegeln fällt er hier und dort.
Der überraschte Wandrer fühlt sich hier
Ins Paradies versetzt. Hier soll kein Schuß,
Solang ich lebe, fallen, hier kein Vogel
Von seinem Zweig, kein Wild in seinem Busch
Geschreckt, verwundet, hingeschmettert werden.
Hier will ich her, wenn mir der Augen Licht,
Wenn mir der Füße Kraft zuletzt versagt,
Auf dich gelehnt, wallfahrten; immer soll
Des gleichen Danks Empfindung mich beleben.
Nun aber lebe wohl! Und wie? – Du weinst?
Eugenie. Oh! wenn mein Vater ängstlich fürchten darf,
Die Tochter zu verlieren, soll in mir
Sich keine Sorge regen, ihn vielleicht –
Wie kann ich's denken, sagen – ihn zu missen?
Verwaiste Väter sind beklagenswert;
Allein verwaiste Kinder sind es mehr.
Und ich, die Ärmste, stünde ganz allein
Auf dieser weiten, fremden, wilden Welt,
Müßt' ich von ihm, dem einzigen, mich trennen.
Herzog. Wie du mich stärktest, geb ich dir's zurück.
Laß uns getrost, wie immer, vorwärtsgehen!

Das Leben ist des Lebens Pfand; es ruht
Nur auf sich selbst und muß sich selbst verbürgen.
Drum laß uns eilig auseinanderscheiden!
Von diesem allzuweichen Lebewohl
Soll ein erfreulich Wiedersehn uns heilen.
(Sie trennen sich schnell; aus der Entfernung werfen sie sich mit ausgebreiteten Armen ein Lebewohl zu und gehen eilig ab.)

ZWEITER AUFZUG

Zimmer Eugeniens, im gotischen Stil.

ERSTER AUFTRITT

Hofmeisterin. Sekretär.

Sekretär. Verdien ich, daß du mich im Augenblick,
Da ich erwünschte Nachricht bringe, fliehst?
Vernimm nur erst, was ich zu sagen habe!
Hofmeisterin. Wohin es deutet, fühl ich nur zu sehr.
O laß mein Auge vom bekannten Blick,
Mein Ohr sich von bekannter Stimme wenden!
Entfliehen laß mich der Gewalt, die, sonst
Durch Lieb' und Freundschaft wirksam, fürchterlich
Wie ein Gespenst mir nun zur Seite steht.
Sekretär. Wenn ich des Glückes Füllhorn dir auf einmal,
Nach langem Hoffen, vor die Füße schütte,
Wenn sich die Morgenröte jenes Tags,
Der unsern Bund auf ewig gründen soll,
Am Horizonte feierlich erhebt,
So scheinst du nun verlegen, widerwillig
Den Antrag eines Bräutigams zu fliehn.
Hofmeisterin. Du zeigst mir nur die eine Seite dar:
Sie glänzt und leuchtet, wie im Sonnenschein
Die Welt erfreulich daliegt; aber hinten
Droht schwarzer Nächte Graus, ich ahn ihn schon.
Sekretär. So laß uns erst die schöne Seite sehn!
Verlangst du Wohnung, mitten in der Stadt,

Geräumig, heiter, trefflich ausgestattet,
Wie man's für sich sowie für Gäste wünscht:
Sie ist bereit, der nächste Winter findet
Uns festlich dort umgeben, wenn du willst.
Sehnst du im Frühling dich aufs Land: auch dort
Ist uns ein Haus, ein Garten uns bestimmt,
Ein reiches Feld. Und was Erfreuliches
An Waldung, Busch, an Wiesen, Bach und Seen
Sich Phantasie zusammendrängen mag,
Genießen wir, zum Teil als unser eignes,
Zum Teil als allgemeines Gut. Wobei
Noch manche Rente gar bequem vergönnt,
Durch Sparsamkeit ein sichres Glück zu steigern.

Hofmeisterin. In trübe Wolken hüllt sich jenes Bild,
So heiter du es malst, vor meinen Augen.
Nicht wünschenswert, abscheulich naht sich mir
Der Gott der Welt im Überfluß heran.
Was für ein Opfer fordert er? Das Glück
Des holden Zöglings müßt' ich morden helfen!
Und was ein solch Verbrechen mir erwarb,
Ich sollt' es je mit freier Brust genießen?
Eugenie! du, deren holdes Wesen
In meiner Nähe sich von Jugend auf
Aus reicher Fülle rein entwickeln sollte,
Kann ich noch unterscheiden, was an dir
Dein eigen ist und was du mir verdankst?
Dich, die ich als mein selbstgebildet Werk
Im Herzen trage, sollt' ich nun zerstören?
Von welchem Stoffe seid ihr denn geformt,
Ihr Grausamen, daß eine solche Tat
Ihr fordern dürft und zu belohnen glaubt?

Sekretär. Gar manchen Schatz bewahrt von Jugend auf
Ein edles, gutes Herz und bildet ihn
Nur immer schöner, liebenswürd'ger aus
Zur holden Gottheit des geheimen Tempels;
Doch wenn das Mächtige, das uns regiert,
Ein großes Opfer heischt, wir bringen's doch,
Mit blutendem Gefühl, der Not zuletzt.
Zwei Welten sind es, meine Liebe, die,
Gewaltsam sich bekämpfend, uns bedrängen.

Hofmeisterin. In völlig fremder Welt für mein Gefühl
Scheinst du zu wandeln, da du deinem Herrn,
Dem edlen Herzog, solche Jammertage
Verräterisch bereitest, zur Partei
Des Sohns dich fügest. Wenn das Waltende
Verbrechen zu begünst'gen scheinen mag,
So nennen wir es Zufall; doch der Mensch,
Der ganz besonnen solche Tat erwählt,
Er ist ein Rätsel. Doch – und bin ich nicht
Mir auch ein Rätsel, daß ich noch an dir
Mit solcher Neigung hänge, da du mich
Zum jähen Abgrund hinzureißen strebst?
Warum, oh! schuf dich die Natur von außen
Gefällig, liebenswert, unwiderstehlich,
Wenn sie ein kaltes Herz in deinen Busen,
Ein glückzerstörendes, zu pflanzen dachte?
Sekretär. An meiner Neigung Wärme zweifelst du?
Hofmeisterin.
Ich würde mich vernichten, wenn ich's könnte.
Doch ach! warum, und mit verhaßtem Plan,
Aufs neue mich bestürmen? Schwurst du nicht,
In ew'ge Nacht das Schrecknis zu begraben?
Sekretär. Ach, leider drängt sich's mächtiger hervor.
Den jungen Fürsten zwingt man zum Entschluß.
Erst blieb Eugenie so manches Jahr
Ein unbedeutend unbekanntes Kind.
Du hast sie selbst von ihren ersten Tagen
In diesen alten Sälen auferzogen,
Von wenigen besucht und heimlich nur.
Doch wie verheimlichte sich Vaterliebe!
Der Herzog, stolz auf seiner Tochter Wert,
Läßt nach und nach sie öffentlich erscheinen;
Sie zeigt sich reitend, fahrend. Jeder fragt
Und jeder weiß zuletzt, woher sie sei.
Nun ist die Mutter tot. Der stolzen Frau
War dieses Kind ein Greuel, das ihr nur
Der Neigung Schwäche vorzuwerfen schien.
Nie hat sie's anerkannt und kaum gesehn.
Durch ihren Tod fühlt sich der Herzog frei,
Entwirft geheime Plane, nähert sich

Dem Hofe wieder und entsagt zuletzt
Dem alten Groll, versöhnt sich mit dem König
Und macht sich's zur Bedingung: dieses Kind
Als Fürstin seines Stamms erklärt zu sehn.

Hofmeisterin. Und gönnt ihr dieser köstlichen Natur
Vom Fürstenblute nicht das Glück des Rechts?

Sekretär. Geliebte, Teure! Sprichst du doch so leicht,
Durch diese Mauern von der Welt geschieden,
In klösterlichem Sinne von dem Wert
Der Erdengüter. Blicke nur hinaus!
Dort wägt man besser solchen edlen Schatz.
Der Vater neidet ihn dem Sohn, der Sohn
Berechnet seines Vaters Jahre, Brüder
Entzweit ein ungewisses Recht auf Tod
Und Leben. Selbst der Geistliche vergißt,
Wohin er streben soll, und strebt nach Gold.
Verdächte man's dem Prinzen, der sich stets
Als einz'gen Sohn gefühlt, wenn er sich nun
Die Schwester nicht gefallen lassen will,
Die, eingedrungen, ihm das Erbteil schmälert?
Man stelle sich an seinen Platz und richte.

Hofmeisterin.
Und ist er nicht schon jetzt ein reicher Fürst?
Und wird er's nicht durch seines Vaters Tod
Zum Übermaß? Wie wär' ein Teil der Güter
So köstlich angelegt, wenn er dafür
Die holde Schwester zu gewinnen wüßte.

Sekretär. Willkürlich handeln ist des Reichen Glück!
Er widerspricht der Fordrung der Natur,
Der Stimme des Gesetzes, der Vernunft,
Und spendet an den Zufall seine Gaben.
Genug besitzen hieße darben. Alles
Bedürfte man! Unendlicher Verschwendung
Sind ungemeßne Güter wünschenswert.
Hier denke nicht zu raten, nicht zu mildern;
Kannst du mit uns nicht wirken, gib uns auf.

Hofmeisterin.
Und was denn wirken? Lange droht ihr schon
Von fern dem Glück des liebenswürd'gen Kindes.
Was habt ihr denn in eurem furchtbarn Rat

Beschlossen über sie? Verlangt ihr etwa,
Daß ich mich blind zu eurer Tat geselle?

Sekretär. Mitnichten! Hören kannst und sollst du gleich,
Was zu beginnen, was von dir zu fordern
Wir selbst genötigt sind. Eugenien
Sollst du entführen! Sie muß dergestalt
Auf einmal aus der Welt verschwinden, daß
Wir sie getrost als tot beweinen können.
Verborgen muß ihr künftiges Geschick
Wie das Geschick der Toten ewig bleiben.

Hofmeisterin. Lebendig weiht ihr sie dem Grabe, mich
Bestimmt ihr tückisch zur Begleiterin.
Mich stoßt ihr mit hinab. Ich soll mit ihr,
Mit der Verratnen die Verräterin,
Der Toten Schicksal vor dem Tode teilen.

Sekretär. Du führst sie hin und kehrest gleich zurück.

Hofmeisterin. Soll sie im Kloster ihre Tage schließen?

Sekretär. Im Kloster nicht; wir mögen solch ein Pfand
Der Geistlichkeit nicht anvertrauen, die
Es leicht als Werkzeug gegen uns gebrauchte.

Hofmeisterin. So soll sie nach den Inseln? Sprich es aus.

Sekretär. Du wirst's vernehmen! Jetzt beruh'ge dich.

Hofmeisterin. Wie kann ich ruhen bei Gefahr und Not,
Die meinen Liebling, die mich selbst bedräut?

Sekretär. Dein Liebling kann auch drüben glücklich sein,
Und dich erwarten hier Genuß und Wonne.

Hofmeisterin.
O schmeichelt euch mit solcher Hoffnung nicht.
Was hilft's, in mich zu stürmen? zum Verbrechen
Mich anzulocken, mich zu drängen? Sie,
Das hohe Kind, wird euren Plan vereiteln.
Gedenkt nur nicht, sie als geduld'ges Opfer
Gefahrlos wegzuschleppen. Dieser Geist,
Der mutvoll sie beseelt, ererbte Kraft
Begleiten sie, wohin sie geht, zerreißen
Das falsche Netz, womit ihr sie umgabt.

Sekretär. Sie festzuhalten, das gelinge dir!
Willst du mich überreden, daß ein Kind,
Bisher im sanften Arm des Glücks gewiegt,
Im unverhofften Fall Besonnenheit

Und Kraft, Geschick und Klugheit zeigen werde?
Gebildet ist ihr Geist, doch nicht zur Tat,
Und wenn sie richtig fühlt und weise spricht,
So fehlt noch viel, daß sie gemessen handle.
Des Unerfahrnen hoher, freier Mut
Verliert sich leicht in Feigheit und Verzweiflung,
Wenn sich die Not ihm gegenüberstellt.
Was wir gesonnen, führe du es aus:
Klein wird das Übel werden, groß das Glück.

Hofmeisterin.
So gebt mir Zeit, zu prüfen und zu wählen!

Sekretär. Der Augenblick des Handelns drängt uns schon.
Der Herzog scheint gewiß, daß ihm der König
Am nächsten Fest die hohe Gunst gewähren
Und seine Tochter anerkennen wolle;
Denn Kleider und Juwelen stehn bereit,
Im prächt'gen Kasten sämtlich eingeschlossen,
Wozu er selbst die Schlüssel wohl verwahrt,
Und ein Geheimnis zu verwahren glaubt;
Wir aber wissen's wohl und sind gerüstet.
Geschehen muß nun schnell das Überlegte.
Heut abend hörst du mehr. Nun lebe wohl.

Hofmeisterin.
Auf düstern Wegen wirkt ihr tückisch fort
Und wähnet, euren Vorteil klar zu sehen.
Habt ihr denn jeder Ahnung euch verschlossen,
Daß über Schuld und Unschuld, lichtverbreitend,
Ein rettend, rächend Wesen göttlich schwebt?

Sekretär. Wer wagt, ein Herrschendes zu leugnen, das
Sich vorbehält, den Ausgang unsrer Taten
Nach seinem einz'gen Willen zu bestimmen?
Doch wer hat sich zu seinem hohen Rat
Gesellen dürfen? Wer Gesetz und Regel,
Wonach es ordnend spricht, erkennen mögen?
Verstand empfingen wir, uns mündig selbst
Im ird'schen Element zurechtzufinden,
Und was uns nützt, ist unser höchstes Recht.

Hofmeisterin. Und so verleugnet ihr das Göttlichste,
Wenn euch des Herzens Winke nichts bedeuten.
Mich ruft es auf, die schreckliche Gefahr

Vom holden Zögling kräftig abzuwenden,
Mich gegen dich und gegen Macht und List
Beherzt zu waffnen. Kein Versprechen soll,
Kein Drohn mich von der Stelle drängen. Hier,
Zu ihrem Heil gewidmet, steh ich fest.
Sekretär. O meine Gute! dies ihr Heil vermagst
Du ganz allein zu schaffen, die Gefahr
Von ihr zu wenden, magst du ganz allein,
Und zwar, indem du uns gehorchst. Ergreife
Sie schnell, die holde Tochter, führe sie,
Soweit du kannst, hinweg, verbirg sie fern
Von aller Menschen Anblick, denn – Du schauderst,
Du fühlst, was ich zu sagen habe. Sei's,
Weil du mich drängest, endlich auch gesagt:
Sie zu entfernen, ist das Mildeste.
Willst du zu diesem Plan nicht tätig wirken,
Denkst du, dich ihm geheim zu widersetzen,
Und wagtest du, was ich dir anvertraut,
Aus guter Absicht irgend zu verraten,
So liegt sie tot in deinen Armen! Was
Ich selbst beweinen werde, muß geschehn.

ZWEITER AUFTRITT

Hofmeisterin. Die kühne Drohung überrascht mich nicht!
Schon lange seh ich dieses Feuer glimmen,
Nun schlägt es bald in lichte Flammen aus.
Um dich zu retten, muß ich, liebes Kind,
Dich deinem holden Morgentraum entreißen.
Nur *eine* Hoffnung lindert meinen Schmerz;
Allein sie schwindet, wie ich sie ergreife.
Eugenie! wenn du entsagen könntest
Dem hohen Glück, das unermeßlich scheint,
An dessen Schwelle dir Gefahr und Tod,
Verbannung als ein Milderes begegnet.
O dürft' ich dich erleuchten! dürft' ich dir
Verborgne Winkel öffnen, wo die Schar
Verschworener Verfolger tückisch lauscht!
Ach, schweigen soll ich! Leise kann ich nur

Dich ahnungsvoll ermahnen; wirst du wohl
Im Taumel deiner Freude mich verstehen?

DRITTER AUFTRITT

Eugenie. Hofmeisterin.

Eugenie. Sei mir gegrüßt! du Freundin meines Herzens,
An Mutter Statt Geliebte, sei gegrüßt!
Hofmeisterin.
Mit Wonne drück ich dich an dieses Herz,
Geliebtes Kind, und freue mich der Freude,
Die reich aus Lebensfülle dir entquillt.
Wie heiter glänzt dein Auge! Welch Entzücken
Umschwebet Mund und Wange! Welches Glück
Drängt aus bewegtem Busen sich hervor!
Eugenie. Ein großes Unheil hatte mich ergriffen:
Vom Felsen stürzte Roß und Reiterin.
Hofmeisterin.
O Gott!
Eugenie. Sei ruhig! Siehst du doch mich wieder,
Gesund und hochbeglückt, nach diesem Fall.
Hofmeisterin.
Und wie?
Eugenie. Du sollst es hören, wie so schön
Aus diesem Übel sich das Glück entwickelt.
Hofmeisterin.
Ach! aus dem Glück entwickelt oft sich Schmerz.
Eugenie. Sprich böser Vorbedeutung Wort nicht aus!
Und schrecke mich der Sorge nicht entgegen.
Hofmeisterin.
O möchtest du mir alles gleich vertrauen!
Eugenie.
Von allen Menschen dir zuerst. Nur jetzt,
Geliebte, laß mich mir. Ich muß allein
Ins eigene Gefühl mich finden lernen.
Du weißt, wie hoch mein Vater sich erfreut,
Wenn unerwartet ihm ein klein Gedicht
Entgegenkommt, wie mir's der Muse Gunst
Bei manchem Anlaß willig schenken mag.

Verlaß mich! Eben schwebt mir's heiter vor,
Ich muß es haschen, sonst entschwindet's mir.

Hofmeisterin.
Wann soll, wie sonst, vertrauter Stunden Reihe
Mit reichlichen Gesprächen uns erquicken?
Wann öffnen wir, zufriednen Mädchen gleich,
Die ihren Schmuck einander wiederholt
Zu zeigen kaum ermüden, unsres Herzens
Geheimste Fächer, uns bequem und herzlich
Des wechselseit'gen Reichtums zu erfreuen?

Eugenie. Auch jene Stunden werden wiederkehren,
Von deren stillem Glück man mit Vertrauen,
Sich des Vertrauns erinnernd, gerne spricht.
Doch heute laß in voller Einsamkeit
Mich das Bedürfnis jener Tage finden.

VIERTER AUFTRITT

Eugenie, nachher Hofmeisterin außen.

Eugenie *(eine Brieftasche hervorziehend).*
Und nun geschwind zum Pergament, zum Griffel!
Ich hab es ganz, und eilig faß ich's auf,
Was ich dem Könige zu jener Feier,
Bei der ich, neugeboren durch sein Wort,
Ins Leben trete, herzlich widmen soll.
(Sie rezitiert langsam und schreibt.)

Welch Wonneleben wird hier ausgespendet!
Willst du, o Herr der obern Regionen,
Des Neulings Unvermögen nicht verschonen?
Ich sinke hin, von Majestät geblendet.

Doch bald getrost zu dir hinaufgewendet
Erfreut's mich, an dem Fuß der festen Thronen,
Ein Sprößling deines Stamms, beglückt zu wohnen,
Und all mein frühes Hoffen ist vollendet.

So fließe denn der holde Born der Gnaden!
Hier will die treue Brust so gern verweilen
Und an der Liebe Majestät sich fassen.

Mein Ganzes hängt an einem zarten Faden,
Mir ist, als müßt' ich unaufhaltsam eilen,
Das Leben, das du gabst, für dich zu lassen.

(Das Geschriebene mit Gefälligkeit betrachtend.)
So hast du lange nicht, bewegtes Herz,
Dich in gemeßnen Worten ausgesprochen!
Wie glücklich, den Gefühlen unsrer Brust
Für ew'ge Zeit den Stempel aufzudrücken!
Doch ist es wohl genug? Hier quillt es fort,
Hier quillt es auf! – Du nahest, großer Tag,
Der uns den König gab und der nun mich
Dem Könige, dem Vater, mich mir selbst
Zu ungemeßner Wonne geben soll.
Dies hohe Fest verherrliche mein Lied!
Beflügelt drängt sich Phantasie voraus,
Sie trägt mich vor den Thron und stellt mich vor,
Sie gibt im Kreise mir –

Hofmeisterin *(außen)*. Eugenie!

Eugenie. Was soll das?

Hofmeisterin. Höre mich, und öffne gleich!

Eugenie. Verhaßte Störung! Öffnen kann ich nicht.

Hofmeisterin. Vom Vater Botschaft!

Eugenie. Wie? vom Vater?
Gleich! Da muß ich öffnen.

Hofmeisterin. Große Gaben scheint
Er dir zu schicken.

Eugenie. Warte!

Hofmeisterin. Hörst du?

Eugenie. Warte!
Doch wo verberg ich dieses Blatt? Zu klar
Spricht's jene Hoffnung aus, die mich beglückt.
Hier ist nichts zum Verschließen! Und bei mir
Ist's nirgend sicher, diese Tasche kaum;
Denn meine Leute sind nicht alle treu.
Gar manches hat man schon mir, als ich schlief,
Durchblättert und entwendet. Das Geheimnis,
Das größte, das ich je gehegt, wohin,
Wohin verberg ich's?
(Indem sie sich der Seitenwand nähert.)

Wohl! Hier war es ja,
Wo du, geheimer Wandschrank, meiner Kindheit
Unschuldige Geheimnisse verbargst!
Du, den mir kindisch allausspähende,
Von Neugier und von Müßiggang erzeugte,
Rastlose Tätigkeit entdecken half,
Du, jedem ein Geheimnis, öffne dich!
(Sie drückt an einer unbemerkbaren Feder, und eine kleine Türe springt auf.)
So wie ich sonst verbotnes Zuckerwerk
Zu listigem Genuß in dir versteckte,
Vertrau ich heute meines Lebens Glück
Entzückt und sorglich dir auf kurze Zeit.
(Sie legt das Pergament in den Schrank und drückt ihn zu.)
Die Tage schreiten vor, und ahnungsvoller
Bewegen sich nun Freud' und Schmerz heran.
(Sie öffnet die Türe.)

FÜNFTER AUFTRITT

Eugenie. Hofmeisterin. Bediente, die einen prächtigen Putzkasten tragen.

Hofmeisterin.
Wenn ich dich störte, führ ich gleich mit mir,
Was mich gewiß entschuld'gen soll, herbei.
Eugenie. Von meinem Vater? dieser prächt'ge Schrein!
Auf welchen Inhalt deutet solch Gefäß?
(Zu den Bedienten.)
Verweilt!
(Sie reicht ihnen einen Beutel hin.)
Zum Vorschmack eures Botenlohns
Nehmt diese Kleinigkeit! das Beßre folgt.
(Bediente gehen.)
Und ohne Brief und ohne Schlüssel! Steht
Mir solch ein Schatz verborgen in der Nähe?
O Neugier! O Verlangen! Ahnest du,
Was diese Gabe mir bedeuten kann?
Hofmeisterin.
Ich zweifle nicht, du hast es selbst erraten.

Auf nächste Hoheit deutet sie gewiß.
Den Schmuck der Fürstentochter bringt man dir,
Weil dich der König bald berufen wird.
Eugenie. Wie kannst du das vermuten?
Hofmeisterin. Weiß ich's doch!
Geheimnisse der Großen sind belauscht.
Eugenie.
Und wenn du's weißt, was soll ich dir's verbergen?
Soll ich die Neugier, dies Geschenk zu sehn,
Vor dir umsonst bezähmen! – Hab ich doch
Den Schlüssel hier! – Der Vater zwar verbot's.
Doch was verbot er? Das Geheimnis nicht
Unzeitig zu entdecken; doch dir ist
Es schon entdeckt. Du kannst nicht mehr erfahren,
Als du schon weißt, und schweigst nun, mir zuliebe.
Was zaudern wir? Komm, laß uns öffnen! komm,
Daß uns der Gaben hoher Glanz entzücke.
Hofmeisterin.
Halt ein! Gedenke des Verbots! Wer weiß,
Warum der Herzog weislich so befohlen?
Eugenie. Mit Sinn befahl er, zum bestimmten Zweck;
Der ist vereitelt: alles weißt du schon.
Du liebst mich, bist verschwiegen, zuverlässig.
Laß uns das Zimmer schließen! das Geheime
Laß uns sogleich vertraulich untersuchen.
(Sie schließt die Zimmertüre und eilt gegen den Schrank.)
Hofmeisterin *(sie abhaltend)*.
Der prächt'gen Stoffe, Gold und Farbenglanz,
Der Perlen Milde, der Juwelen Strahl
Bleib' im Verborgnen! Ach, sie reizen dich
Zu jenem Ziel unwiderstehlich auf.
Eugenie. Was sie bedeuten, ist das Reizende.
(Sie öffnet den Schrank, an der Türe zeigen sich Spiegel.)
Welch köstliches Gewand entwickelt sich,
Indem ich's nur berühre, meinem Blick.
Und diese Spiegel! fordern sie nicht gleich,
Das Mädchen und den Schmuck vereint zu schildern?
Hofmeisterin. Kreusas tödliches Gewand entfaltet,
So scheint es mir, sich unter meiner Hand.
Eugenie. Wie schwebt ein solcher Trübsinn dir ums Haupt?

Denk an beglückter Bräute frohes Fest.
Komm! Reiche mir die Teile, nach und nach.
Das Unterkleid! wie reich und süß durchflimmert
Sich rein des Silbers und der Farben Blitz.

Hofmeisterin *(indem sie Eugenien das Gewand umlegt).*
Verbirgt sich je der Gnade Sonnenblick,
Sogleich ermattet solch ein Widerglanz.

Eugenie. Ein treues Herz verdient sich diesen Blick,
Und, wenn er weichen wollte, zieht's ihn an. –
Das Oberkleid, das goldne, schlage drüber,
Die Schleppe ziehe, weit verbreitet, nach.
Auch diesem Gold ist, mit Geschmack und Wahl,
Der Blumen Schmelz metallisch aufgebrämt.
Und tret ich so nicht schön umgeben auf?

Hofmeisterin.
Doch wird von Kennern mehr die Schönheit selbst
In ihrer eignen Herrlichkeit verehrt.

Eugenie. Das einfach Schöne soll der Kenner schätzen;
Verziertes aber spricht der Menge zu. –
Nun leihe mir der Perlen sanftes Licht,
Auch der Juwelen leuchtende Gewalt.

Hofmeisterin.
Doch deinem Herzen, deinem Geist genügt
Nur eigner, innrer Wert und nicht der Schein.

Eugenie. Der Schein, was ist er, dem das Wesen fehlt?
Das Wesen, wär' es, wenn es nicht erschiene?

Hofmeisterin. Und hast du nicht in diesen Mauern selbst
Der Jugend ungetrübte Zeit verlebt?
Am Busen deiner Liebenden, entzückt,
Verborgner Wonne Seligkeit erfahren?

Eugenie. Gefaltet kann die Knospe sich genügen,
Solange sie des Winters Frost umgibt;
Nun schwillt vom Frühlingshauche Lebenskraft,
In Blüten bricht sie auf, an Licht und Lüfte.

Hofmeisterin.
Aus Mäßigkeit entspringt ein reines Glück.

Eugenie. Wenn du ein mäßig Ziel dir vorgesteckt.

Hofmeisterin. Beschränktheit sucht sich der Genießende.

Eugenie. Du überredest die Geschmückte nicht.
O daß sich dieser Saal erweiterte

Zum Raum des Glanzes, wo der König thront!
Daß reicher Teppich unten, oben sich
Der goldnen Decke Wölbung breitete!
Daß hier im Kreise, vor der Majestät,
Demütig stolz, die Großen, angelacht
Von dieser Sonne, herrlich leuchteten!
Ich unter diesen Ausgezeichneten
Am schönsten Fest die Ausgezeichnete!
O laß mir dieser Wonne Vorgefühl,
Wenn aller Augen mich zum Ziel erlesen!

Hofmeisterin. Zum Ziele der Bewundrung nicht allein,
Zum Ziel des Neides und des Hasses mehr.

Eugenie. Der Neider steht als Folie des Glücks,
Der Hasser lehrt uns immer wehrhaft bleiben.

Hofmeisterin.
Demütigung beschleicht die Stolzen oft.

Eugenie. Ich setz ihr Geistesgegenwart entgegen.
(Zum Schranke gewendet.)
Noch haben wir nicht alles durchgesehn;
Nicht mich allein bedenk ich diese Tage:
Für andre hoff ich manche Kostbarkeit.

Hofmeisterin *(ein Kästchen hervornehmend).*
Hier aufgeschrieben steht es: „Zu Geschenken."

Eugenie. So nimm voraus, was dich vergnügen kann,
Von diesen Uhren, diesen Dosen. Wähle! –
Nein, überlege noch! Vielleicht verbirgt
Sich Wünschenswerteres im reichen Schrein.

Hofmeisterin. O fände sich ein kräft'ger Talisman,
Des trüben Bruders Neigung zu gewinnen!

Eugenie. Den Widerwillen tilge nach und nach
Des unbefangnen Herzens reines Wirken.

Hofmeisterin.
Doch die Partei, die seinen Groll bestärkt,
Auf ewig steht sie deinem Wunsch entgegen.

Eugenie. Wenn sie bisher mein Glück zu hindern suchte,
Tritt nun Entscheidung unaufhaltsam ein,
Und ins Geschehne fügt sich jedermann.

Hofmeisterin.
Das, was du hoffest, noch ist's nicht geschehn.

Eugenie. Doch als vollendet kann ich's wohl betrachten.

(Nach dem Schrank gekehrt.)
Was liegt im langen Kästchen, obenan?

Hofmeisterin *(die es herausnimmt).*
Die schönsten Bänder, frisch und neu gewählt! –
Zerstreue nicht durch eitlen Flitterwesens
Neugierige Betrachtung deinen Geist.
O wär' es möglich, daß du meinem Wort
Gehör verliehest, einen Augenblick!
Aus stillem Kreise trittst du nun heraus
In weite Räume, wo dich Sorgendrang,
Vielfach geknüpfte Netze, Tod vielleicht
Von meuchelmörderischer Hand erwartet.

Eugenie.
Du scheinst mir krank! wie könnte sonst mein Glück
Dir fürchterlich, als ein Gespenst, erscheinen.
(In das Kästchen blickend.)
Was seh ich? Diese Rolle! Ganz gewiß
Das Ordensband der ersten Fürstentöchter!
Auch dieses werd ich tragen! Nur geschwind!
Laß sehen, wie es kleidet! Es gehört
Zum ganzen Prunk; so sei auch das versucht!
(Das Band wird umgelegt.)
Nun sprich vom Tode nur! sprich von Gefahr!
Was zieret mehr den Mann, als wenn er sich
Im Heldenschmuck zu seinem Könige,
Sich unter seinesgleichen stellen kann?
Was reizt das Auge mehr als jenes Kleid,
Das kriegerische lange Reihen zeichnet?
Und dieses Kleid und seine Farben, sind
Sie nicht ein Sinnbild ewiger Gefahr?
Die Schärpe deutet Krieg, womit sich, stolz
Auf seine Kraft, ein edler Mann umgürtet.
O meine Liebe! Was bedeutend schmückt,
Es ist durchaus gefährlich. Laß auch mir
Das Mutgefühl, was mir begegnen kann,
So prächtig ausgerüstet, zu erwarten.
Unwiderruflich, Freundin, bleibt mein Glück.

Hofmeisterin *(beiseite).*
Das Schicksal, das dich trifft, unwiderruflich.

DRITTER AUFZUG

Vorzimmer des Herzogs, prächtig, modern.

ERSTER AUFTRITT

Sekretär. Weltgeistlicher.

Sekretär. Tritt still herein in diese Totenstille!
Wie ausgestorben findest du das Haus.
Der Herzog schläft, und alle Diener stehen,
Von seinem Schmerz durchdrungen, stumm gebeugt.
Er schläft! Ich segnet ihn, als ich ihn sah
Bewußtlos auf dem Pfühle ruhig atmen.
Das Übermaß der Schmerzen löste sich
In der Natur balsam'scher Wohltat auf.
Den Augenblick befürcht' ich, der ihn weckt:
Euch wird ein jammervoller Mann erscheinen.
Weltgeistlicher. Darauf bin ich bereitet, zweifelt nicht.
Sekretär. Vor wenig Stunden kam die Nachricht an,
Eugenie sei tot! vom Pferd gestürzt!
An eurem Orte sei sie beigesetzt
Als an dem nächsten Platz, wohin man sie
Aus jenem Felsendickicht bringen können,
Wo sie verwegen sich den Tod erstürmt.
Weltgeistlicher.
Und sie indessen ist schon weit entfernt?
Sekretär. Mit rascher Eile wird sie weggeführt.
Weltgeistlicher.
Und wem vertraut ihr solch ein schwer Geschäft?
Sekretär. Dem klugen Weibe, das uns angehört.
Weltgeistlicher.
In welche Gegend habt ihr sie geschickt?
Sekretär. Zu dieses Reiches letztem Hafenplatz.
Weltgeistlicher.
Von dorten soll sie in das fernste Land?
Sekretär. Sie führt ein günst'ger Wind sogleich davon.
Weltgeistlicher. Und hier auf ewig gelte sie für tot!
Sekretär. Auf deiner Fabel Vortrag kommt es an.
Weltgeistlicher. Der Irrtum soll im ersten Augenblick,

Auf alle künft'ge Zeit gewaltig wirken.
An ihrer Gruft, an ihrer Leiche soll
Die Phantasie erstarren. Tausendfach
Zerreiß ich das geliebte Bild und grabe
Dem Sinne des entsetzten Hörenden
Mit Feuerzügen dieses Unglück ein.
Sie ist dahin für alle, sie verschwindet
Ins Nichts der Asche. Jeder kehret schnell
Den Blick zum Leben und vergißt, im Taumel
Der treibenden Begierden, daß auch sie
Im Reihen der Lebendigen geschwebt.

Sekretär. Du trittst mit vieler Kühnheit ans Geschäft;
Besorgst du keine Reue hintennach?

Weltgeistlicher.
Welch eine Frage tust du? Wir sind fest!

Sekretär. Ein innres Unbehagen fügt sich oft,
Auch wider unsern Willen, an die Tat.

Weltgeistlicher.
Was hör ich? du bedenklich? oder willst
Du mich nur prüfen, ob es euch gelang,
Mich, euren Schüler, völlig auszubilden?

Sekretär. Das Wichtige bedenkt man nie genug.

Weltgeistlicher. Bedenke man, eh' noch die Tat beginnt.

Sekretär. Auch in der Tat ist Raum für Überlegung.

Weltgeistlicher. Für mich ist nichts zu überlegen mehr!
Da wär' es Zeit gewesen, als ich noch
Im Paradies beschränkter Freuden weilte,
Als, von des Gartens engem Hag umschlossen,
Ich selbstgesäte Bäume selber pfropfte,
Aus wenig Beeten meinen Tisch versorgte,
Als noch Zufriedenheit im kleinen Hause
Gefühl des Reichtums über alles goß,
Und ich, nach meiner Einsicht, zur Gemeinde
Als Freund, als Vater aus dem Herzen sprach,
Dem Guten fördernd meine Hände reichte,
Dem Bösen wie dem Übel widerstritt.
O hätte damals ein wohltät'ger Geist
Vor meiner Türe dich vorbeigewiesen,
An der du, müde, durstig von der Jagd,
Zu klopfen kamst, mit schmeichlerischem Wesen,

Mit süßem Wort mich zu bezaubern wußtest.
Der Gastfreundschaft geweihter, schöner Tag,
Er war der letzte reingenoßnen Friedens.

Sekretär. Wir brachten dir so manche Freude zu.

Weltgeistlicher.
Und dranget mir so manch Bedürfnis auf.
Nun war ich arm, als ich die Reichen kannte;
Nun war ich sorgenvoll, denn mir gebrach's;
Nun hatt' ich Not, ich brauchte fremde Hilfe.
Ihr wart mir hilfreich, teuer büß ich das.
Ihr nahmt mich zum Genossen eures Glücks,
Mich zum Gesellen eurer Taten auf.
Zum Sklaven, sollt' ich sagen, dingtet ihr
Den sonst so freien, jetzt bedrängten Mann.
Ihr lohnt ihm zwar, doch immer noch versagt
Ihr ihm den Lohn, den er verlangen darf.

Sekretär. Vertraue, daß wir dich in kurzer Zeit
Mit Gütern, Ehren, Pfründen überhäufen.

Weltgeistlicher. Das ist es nicht, was ich erwarten muß.

Sekretär. Und welche neue Fordrung bildest du?

Weltgeistlicher.
Als ein gefühllos Werkzeug braucht ihr mich
Auch diesmal wieder. Dieses holde Kind
Verstoßt ihr aus dem Kreise der Lebend'gen;
Ich soll die Tat beschönen, sie bedecken,
Und ihr beschließt, begeht sie ohne mich.
Von nun an fordr' ich, mit im Rat zu sitzen,
Wo Schreckliches beschlossen wird, wo jeder,
Auf seinen Sinn, auf seine Kräfte stolz,
Zum unvermeidlich Ungeheuren stimmt.

Sekretär. Daß du auch diesmal dich mit uns verbunden,
Erwirbt aufs neue dir ein großes Recht.
Gar manch Geheimnis wirst du bald vernehmen –
Dahin gedulde dich und sei gefaßt.

Weltgeistlicher.
Ich bin's und bin noch weiter, als ihr denkt;
In eure Plane schaut' ich längst hinein.
Der nur verdient geheimnisvolle Weihe,
Der ihr durch Ahnung vorzugreifen weiß.

Sekretär. Was ahnest du? was weißt du?

Weltgeistlicher. Laß uns das
Auf ein Gespräch der Mitternacht versparen.
O dieses Mädchens trauriges Geschick
Verschwindet, wie ein Bach im Ozean,
Wenn ich bedenke, wie, verborgen, ihr
Zu mächtiger Parteigewalt euch hebt
Und an die Stelle der Gebietenden
Mit frecher List euch einzudrängen hofft.
Nicht ihr allein; denn andre streben auch,
Euch widerstrebend, nach demselben Zweck.
So untergrabt ihr Vaterland und Thron;
Wer soll sich retten, wenn das Ganze stürzt?
Sekretär. Ich höre kommen! Tritt hier an die Seite!
Ich führe dich zu rechter Zeit herein.

ZWEITER AUFTRITT

Herzog. Sekretär.

Herzog. Unsel'ges Licht! du rufst mich auf zum Leben,
Mich zum Bewußtsein dieser Welt zurück
Und meiner selbst. Wie öde, hohl und leer
Liegt alles vor mir da, und ausgebrannt,
Ein großer Schutt, die Stätte meines Glücks.
Sekretär. Wenn jeder von den Deinen, die um dich
In dieser Stunde leiden, einen Teil
Von deinen Schmerzen übertragen könnte,
Du fühltest dich erleichtert und gestärkt.
Herzog. Der Schmerz um Liebe, wie die Liebe, bleibt
Unteilbar und unendlich. Fühl ich doch,
Welch ungeheures Unglück den betrifft,
Der seines Tags gewohntes Gut vermißt.
Warum, oh! laßt ihr die bekannten Wände
Mit Farb' und Gold mir noch entgegenscheinen,
Die mich an gestern, mich an ehegestern,
An jenen Zustand meines vollen Glücks
Mich kalt erinnern! O warum verhüllet
Ihr nicht Gemach und Saal mit schwarzem Krepp!
Daß, finster wie mein Innres, auch von außen
Ein ewig nächt'ger Schatten mich umfange.

Sekretär. O möchte doch das viele, das dir bleibt
Nach dem Verlust, als etwas dir erscheinen.
Herzog. Ein geistverlaßner, körperlicher Traum!
Sie war die Seele dieses ganzen Hauses.
Wie schwebte beim Erwachen sonst das Bild
Des holden Kindes dringend mir entgegen!
Hier fand ich oft ein Blatt von ihrer Hand,
Ein geistreich, herzlich Blatt, zum Morgengruß.
Sekretär. Wie drückte nicht der Wunsch, dich zu ergötzen,
Sich dichtrisch oft in frühen Reimen aus.
Herzog. Die Hoffnung, sie zu sehen, gab den Stunden
Des mühevollen Tags den einz'gen Reiz.
Sekretär. Wie oft bei Hindernis und Zögrung hat
Man ungeduldig, wie nach der Geliebten
Den raschen Jüngling, dich nach ihr gesehn.
Herzog. Vergleiche doch die jugendliche Glut,
Die selbstischen Besitz verzehrend hascht,
Nicht dem Gefühl des Vaters, der entzückt,
In heil'gem Anschaun stille hingegeben,
Sich an Entwicklung wunderbarer Kräfte,
Sich an der Bildung Riesenschritten freut.
Der Liebe Sehnsucht fordert Gegenwart;
Doch Zukunft ist des Vaters Eigentum.
Dort liegen seiner Hoffnung weite Felder,
Dort seiner Saaten keimender Genuß.
Sekretär. O Jammer! diese grenzenlose Wonne,
Dies ewig frische Glück verlorst du nun.
Herzog. Verlor ich's? War es doch im Augenblick
Vor meiner Seele noch im vollen Glanz.
Ja, ich verlor's! du rufst's, Unglücklicher,
Die öde Stunde ruft mir's wieder zu.
Ja, ich verlor's! So strömt, ihr Klagen, denn!
Zerstöre, Jammer, diesen festen Bau,
Den ein zu günstig Alter noch verschont.
Verhaßt sei mir das Bleibende, verhaßt,
Was mir in seiner Dauer Stolz erscheint,
Erwünscht, was fließt und schwankt! Ihr Fluten, schwellt,
Zerreißt die Dämme, wandelt Land in See!
Eröffne deine Schlünde, wildes Meer,
Verschlinge Schiff und Mann und Schätze! Weit

Verbreitet euch, ihr kriegerischen Reihen,
Und häuft auf blut'gen Fluren Tod auf Tod!
Entzünde, Strahl des Himmels, dich im Leeren
Und triff der kühnen Türme sichres Haupt!
Zertrümmr', entzünde sie und geißle weit
Im Stadtgedräng' der Flamme Wut umher,
Daß ich, von allem Jammer rings umfangen,
Dem Schicksal mich ergebe, das mich traf!

Sekretär. Das ungeheuer Unerwartete
Bedrängt dich fürchterlich, erhabner Mann.

Herzog. Wohl unerwartet kam's, nicht ungewarnt.
In meinen Armen ließ ein guter Geist
Sie von den Toten wieder auferstehn
Und zeigte mir gelind, vorübereilend,
Ein Schreckliches, nun ewig Bleibendes.
Da sollt' ich strafen die Verwegenheit,
Dem Übermut mich scheltend widersetzen,
Verbieten jene Raserei, die, sich
Unsterblich, unverwundbar wähnend, blind,
Wetteifernd mit dem Vogel, sich durch Wald
Und Fluß und Sträuche von dem Felsen stürzt.

Sekretär. Was oft und glücklich unsre Besten tun,
Wie sollt' es dir des Unglücks Ahnung bringen?

Herzog. Die Ahnung dieser Leiden fühlt' ich wohl,
Als ich zum letztenmal – Zum letztenmal!
Du sprichst es aus, das fürchterliche Wort,
Das deinen Weg mit Finsternis umzieht.
O hätt' ich sie nur einmal noch gesehn!
Vielleicht war dieses Unglück abzuleiten.
Ich hätte flehentlich gebeten, sie als Vater
Zum treulichsten ermahnt, sich mir zu schonen
Und von der Wut tollkühner Reiterei
Um unsres Glückes willen abzustehn.
Ach, diese Stunde war mir nicht gegönnt.
Und nun vermiß ich mein geliebtes Kind!
Sie ist dahin! Verwegner ward sie nur
Durch jenen Sturz, dem sie so leicht entrann.
Und niemand, sie zu warnen, sie zu leiten!
Entwachsen war sie dieser Frauenzucht.
In welchen Händen ließ ich solchen Schatz?

Verzärtelnden, nachgieb'gen Weiberhänden.
Kein festes Wort, den Willen meines Kinds
Zu mäßiger Vernünftigkeit zu lenken!
Zur unbedingten Freiheit ließ man ihr,
Zu jedem kühnen Wagnis offnes Feld.
Ich fühlt' es oft und sagt' es mir nicht klar:
Bei diesem Weibe war sie schlecht verwahrt.
Sekretär. O tadle nicht die Unglückselige!
Vom tiefsten Schmerz begleitet, irrt sie nun,
Wer weiß, in welche Lande, trostlos hin.
Sie ist entflohn. Denn wer vermöchte dir
Ins Angesicht zu sehen, der auch nur
Den fernsten Vorwurf zu befürchten hätte.
Herzog. O laß mich ungerecht auf andre zürnen,
Daß ich mich nicht verzweifelnd selbst zerreiße!
Wohl trag ich selbst die Schuld und trag sie schwer.
Denn rief ich nicht mit törigem Beginnen
Gefahr und Tod auf dieses teure Haupt?
Sie überall zu sehn als Meisterin,
Das war mein Stolz! Zu teuer büß ich ihn.
Zu Pferde sollte sie, im Wagen sie,
Die Rosse bändigend, als Heldin glänzen.
Ins Wasser tauchend, schwimmend, schien sie mir
Den Elementen göttlich zu gebieten.
So, hieß es, kann sie jeglicher Gefahr
Dereinst entgehen. Statt sie zu bewahren,
Gibt Übung zur Gefahr den Tod ihr nun.
Sekretär. Des edlen Pflichtgefühles Übung gibt,
Ach! unsrer Unvergeßlichen den Tod.
Herzog. Erkläre dich!
Sekretär. Und weck ich diesen Schmerz
Durch Schildrung kindlich edlen Unternehmens?
Ihr alter, erster, hochgeliebter Freund
Und Lehrer wohnt von dieser Stadt entfernt,
Verschränkt in Trübsinn, Krankheit, Menschenhaß.
Nur sie allein vermocht' ihn zu erheitern;
Als Leidenschaft empfand sie diese Pflicht;
Nur allzu oft verlangte sie hinüber,
Und oft versagte man's. Nun hatte sie's
Planmäßig angelegt: sie nutzte kühn

Des Morgenrittes abgemeßne Stunden
Mit ungeheurer Schnelligkeit, zum Zweck,
Den alten, vielgeliebten Mann zu sehn.
Ein einz'ger Reitknecht nur war im Geheimnis,
Er unterlegt ihr jedesmal das Pferd,
Wie wir vermuten; denn auch er ist fort.
Der arme Mensch und jene Frau verloren
Aus Furcht vor dir sich in die weite Welt.

Herzog. Die Glücklichen, die noch zu fürchten haben,
Bei denen sich der Schmerz um ihres Herrn
Verlornes Heil in leicht verwundene,
In leicht gehobne Bangigkeit verwandelt!
Ich habe nichts zu fürchten! nichts zu hoffen!
Drum laß mich alles wissen; zeige mir
Den kleinsten Umstand an, ich bin gefaßt.

DRITTER AUFTRITT

Herzog. Sekretär. Weltgeistlicher.

Sekretär. Auf diesen Augenblick, verehrter Fürst,
Hab ich hier einen Mann zurückgehalten,
Der, auch gebeugt, vor deinem Blick erscheint.
Es ist der Geistliche, der aus der Hand
Des Todes deine Tochter aufgenommen,
Und sie, da keiner Hilfe Trost sich zeigte,
Mit liebevoller Sorgfalt beigesetzt.

VIERTER AUFTRITT

Herzog. Weltgeistlicher.

Weltgeistlicher.
Den Wunsch, vor deinem Antlitz zu erscheinen,
Erhabner Fürst, wie lebhaft hegt' ich ihn!
Nun wird er mir gewährt im Augenblick,
Der dich und mich in tiefen Jammer senkt.

Herzog.
Auch so willkommen, unwillkommner Bote!
Du hast sie noch gesehn, den letzten Blick,

Den sehnsuchtsvollen, dir ins Herz gefaßt,
Das letzte Wort bedächtig aufgenommen,
Dem letzten Seufzer Mitgefühl erwidert.
O sage: Sprach sie noch? Was sprach sie aus?
Gedachte sie des Vaters? Bringst du mir
Von ihrem Mund ein herzlich Lebewohl?

Weltgeistlicher.
Willkommen scheint ein unwillkommner Bote,
Solang er schweigt und noch der Hoffnung Raum,
Der Täuschung Raum in unserm Herzen gibt.
Der ausgesprochne Jammer ist verhaßt.

Herzog.
Was zauderst du? Was kann ich mehr erfahren?
Sie ist dahin! Und diesen Augenblick
Ist über ihrem Sarge Ruh' und Stille.
Was sie auch litt, es ist für sie vorbei,
Für mich beginnt es; aber rede nur!

Weltgeistlicher. Ein allgemeines Übel ist der Tod.
So denke dir das Schicksal deiner Toten.
Und finster wie des Grabes Nacht verstumme
Der Übergang, der sie hinabgeführt.
Nicht jeden leitet ein gelinder Gang
Unmerklich in das stille Reich der Schatten.
Gewaltsam schmerzlich reißt Zerstörung oft
Durch Höllenqualen in die Ruhe hin.

Herzog. So hat sie viel gelitten?

Weltgeistlicher. Viel, nicht lange.

Herzog. Es war ein Augenblick, in dem sie litt,
Ein Augenblick, wo sie um Hilfe rief.
Und ich? Wo war ich da? Welch ein Geschäft,
Welch ein Vergnügen hatte mich gefesselt?
Verkündigte mir nichts das Schreckliche,
Das mir das Leben voneinanderriß?
Ich hörte nicht den Schrei, ich fühlte nicht
Den Unfall, der mich ohne Rettung traf.
Der Ahnung heil'ges, fernes Mitgefühl
Ist nur ein Märchen. Sinnlich und verstockt,
Ins Gegenwärtige verschlossen, fühlt
Der Mensch das nächste Wohl, das nächste Weh,
Und Liebe selbst ist in der Ferne taub.

Weltgeistlicher.
Soviel auch Worte gelten, fühl ich doch,
Wie wenig sie zum Troste wirken können.
Herzog. Das Wort verwundet leichter, als es heilt.
Und ewig wiederholend strebt vergebens
Verlornes Glück der Kummer herzustellen.
So war denn keine Hilfe, keine Kunst
Vermögend, sie ins Leben aufzurufen?
Was hast du, sage mir, begonnen? was
Zu ihrem Heil versucht? Du hast gewiß
Nichts unbedacht gelassen.
Weltgeistlicher. Leider war
Nichts zu bedenken mehr, als ich sie fand.
Herzog. Und soll ich ihres Lebens holde Kraft
Auf ewig missen! Laß mich meinen Schmerz
Durch meinen Schmerz betrügen, diese Reste
Verewigen. O komm! wo liegen sie?
Weltgeistlicher. In würdiger Kapelle steht ihr Sarg
Allein verwahrt. Ich sehe vom Altar
Durchs Gitter jedesmal die Stätte, will
Für sie, solang ich lebe, betend flehen.
Herzog. O komm und führe mich dahin! Begleiten
Soll uns der Ärzte vielerfahrenster.
Laß uns den schönen Körper der Verwesung
Entreißen, laß mit edlen Spezereien
Das unschätzbare Bild zusammenhalten!
Ja, die Atomen alle, die sich einst
Zur köstlichen Gestalt versammelten,
Sie sollen nicht ins Element zurück.
Weltgeistlicher.
Was darf ich sagen? Muß ich dir bekennen!
Du kannst nicht hin! Ach! das zerstörte Bild!
Kein Fremder säh' es ohne Jammer an!
Und vor die Augen eines Vaters – Nein,
Verhüt' es Gott! du darfst sie nicht erblicken.
Herzog. Welch neuer Qualenkrampf bedrohet mich!
Weltgeistlicher.
O laß mich schweigen, daß nicht meine Worte
Auch die Erinnrung der Verlornen schänden!
Laß mich verhehlen, wie sie, durchs Gebüsch,

Durch Felsen hergeschleift, entstellt und blutig,
Zerrissen und zerschmettert und zerbrochen,
Unkenntlich, mir im Arm, zur Erde hing.
Da segnet' ich, von Tränen überfließend,
Der Stunde Heil, in der ich feierlich
Dem holden Vaternamen einst entsagt.

Herzog. Du bist nicht Vater! bist der selbstischen
Verstockten, der Verkehrten einer, die
Ihr abgeschloßnes Wesen unfruchtbar
Verzweifeln läßt. Entferne dich! Verhaßt
Erscheinet mir dein Anblick.

Weltgeistlicher. Fühlt' ich's doch!
Wer kann dem Boten solcher Not verzeihn?
(Will sich entfernen.)

Herzog. Vergib und bleib. Ein schön entworfnes Bild,
Das wunderbar dich selbst zum zweitenmal
Vor deinen Augen zu erschaffen strebt,
Hast du entzückt es jemals angestaunt?
O hättest du's! du hättest diese Form,
Die sich zu meinem Glück, zur Lust der Welt
In tausendfält'gen Zügen auferbaut,
Mir grausam nicht zerstümmelt, mir die Wonne
Der traurigen Erinnrung nicht verkümmert.

Weltgeistlicher.
Was sollt' ich tun? dich zu dem Sarge führen,
Den tausend fremde Tränen schon benetzt,
Als ich das morsche, schlotternde Gebein
Zu ruhiger Verwesung eingeweiht?

Herzog. Schweig, Unempfindlicher! du mehrest nur
Den herben Schmerz, den du zu lindern denkst.
Oh! Wehe! daß die Elemente nun,
Von keinem Geist der Ordnung mehr beherrscht,
Im leisen Kampf das Götterbild zerstören.
Wenn über werdend Wachsendem vorher
Der Vatersinn mit Wonne brütend schwebte,
So stockt, so kehrt in Moder nach und nach
Vor der Verzweiflung Blick die Lust des Lebens.

Weltgeistlicher.
Was Luft und Licht Zerstörliches erbaut,
Bewahret lange das verschloßne Grab.

Herzog. O weiser Brauch der Alten, das Vollkommne,
Das ernst und langsam die Natur geknüpft,
Des Menschenbilds erhabne Würde, gleich
Wenn sich der Geist, der wirkende, getrennt,
Durch reiner Flammen Tätigkeit zu lösen!
Und wenn die Glut mit tausend Gipfeln sich
Zum Himmel hob und zwischen Dampf und Wolken,
Des Adlers Fittich deutend, sich bewegte,
Da trocknete die Träne, freier Blick
Der Hinterlaßnen stieg dem neuen Gott
In des Olymps verklärte Räume nach.
O sammle mir in köstliches Gefäß
Der Asche, der Gebeine trüben Rest,
Daß die vergebens ausgestreckten Arme
Nur etwas fassen, daß ich dieser Brust,
Die sehnsuchtsvoll sich in das Leere drängt,
Den schmerzlichsten Besitz entgegendrücke.
Weltgeistlicher.
Die Trauer wird durch Trauren immer herber.
Herzog. Durch Trauren wird die Trauer zum Genuß.
O daß ich doch geschwundner Asche Rest
Im kleinen Hause, wandernd, immer weiter,
Bis zu dem Ort, wo ich zuletzt sie sah,
Als Büßender mit kurzen Schritten trüge!
Dort lag sie tot in meinen Armen, dort
Sah ich, getäuscht, sie in das Leben kehren.
Ich glaubte, sie zu fassen, sie zu halten,
Und nun ist sie auf ewig mir entrückt.
Dort aber will ich meinen Schmerz verew'gen.
Ein Denkmal der Genesung hab ich dort,
In meines Traums Entzückungen, gelobt –
Schon führet klug des Gartenmeisters Hand
Durch Busch und Fels bescheidne Wege her,
Schon wird der Platz gerundet, wo mein König
Als Oheim sie an seine Brust geschlossen,
Und Ebenmaß und Ordnung will den Raum
Verherrlichen, der mich so hoch beglückt.
Doch jede Hand soll feiern! Halb vollbracht
Soll dieser Plan, wie mein Geschick, erstarren!
Das Denkmal nur, ein Denkmal will ich stiften,

Von rauhen Steinen ordnungslos getürmt,
Dorthin zu wallen, stille zu verweilen,
Bis ich vom Leben endlich selbst genese.
O laßt mich dort, versteint, am Steine ruhn,
Bis aller Sorgfalt lichtgezogne Spur
Aus dieser Wüste Trauersitz verschwindet!
Mag sich umher der freie Platz berasen,
Mag sich der Zweig dem Zweige wild verflechten,
Der Birke hangend Haar den Boden schlagen,
Der junge Busch zum Baume sich erheben,
Mit Moos der glatte Stamm sich überziehn:
Ich fühle keine Zeit; denn sie ist hin,
An deren Wachstum ich die Jahre maß.

Weltgeistlicher.
Den vielbewegten Reiz der Welt zu meiden,
Das Einerlei der Einsamkeit zu wählen,
Wird sich's der Mann erlauben, der sich oft
Wohltätiger Zerstreuung übergab,
Wenn Unerträgliches, mit Felsenlast
Herbei sich wälzend, ihn bedrohend, schlich?
Hinaus! mit Flügelschnelle durch das Land,
Durch fremde Reiche, daß vor deinem Sinn
Der Erde Bilder heilend sich bewegen!

Herzog. Was hab ich in der Welt zu suchen, wenn
Ich sie nicht wiederfinde, die allein
Ein Gegenstand für meine Blicke war?
Soll Fluß und Hügel, Tal und Wald und Fels
Vorüber meinen Augen gehn, und nur
Mir das Bedürfnis wecken, jenes Bild,
Das einzige, geliebte, zu erhaschen?
Vom hohen Berg hinab, ins weite Meer,
Was soll für mich ein Reichtum der Natur,
Der an Verlust und Armut mich erinnert!

Weltgeistlicher. Und neue Güter eignest du dir an!

Herzog. Nur durch der Jugend frisches Auge mag
Das längst Bekannte neubelebt uns rühren,
Wenn das Erstaunen, das wir längst verschmäht,
Von Kindes Munde hold uns widerklingt.
So hofft' ich, ihr des Reichs bebaute Flächen,
Der Wälder Tiefen, der Gewässer Flut

Bis an das offne Meer zu zeigen, dort
Mich ihres trunknen Blicks ins Unbegrenzte
Mit unbegrenzter Liebe zu erfreun.

Weltgeistlicher.
Wenn du, erhabner Fürst, des großen Lebens
Beglückte Tage der Beschauung nicht
Zu widmen trachtetest, wenn Tätigkeit
Fürs Wohl Unzähliger am Throne dir
Zum Vorzug der Geburt den herrlichern
Des allgemeinen, edlen Wirkens gab,
So ruf ich dich, im Namen aller, auf:
Ermanne dich! und laß die trüben Stunden,
Die deinen Horizont umziehn, für andre,
Durch Trost und Rat und Hilfe, laß für dich
Auch diese Stunden so zum Feste werden.

Herzog. Wie schal und abgeschmackt ist solch ein Leben,
Wenn alles Regen, alles Treiben stets
Zu neuem Regen, neuem Treiben führt
Und kein geliebter Zweck euch endlich lohnt.
Den sah ich nur in ihr, und so besaß
Und so erwarb ich mit Vergnügen, ihr
Ein kleines Reich anmut'gen Glücks zu schaffen.
So war ich heiter, aller Menschen Freund,
Behilflich, wach, zu Rat und Tat bequem.
Den Vater lieben sie! so sagt' ich mir,
Dem Vater danken sie's und werden auch
Die Tochter einst als werte Freundin grüßen.

Weltgeistlicher. Zu süßen Sorgen bleibt nun keine Zeit!
Ganz andre fordern dich, erhabner Mann!
Darf ich's erwähnen? Ich, der unterste
Von deinen Dienern? Jeder ernste Blick
In diesen trüben Tagen ist auf dich,
Auf deinen Wert, auf deine Kraft gerichtet.

Herzog. Der Glückliche nur fühlt sich Wert und Kraft.

Weltgeistlicher.
So tiefer Schmerzen heiße Qual verbürgt
Dem Augenblick unendlichen Gehalt,
Mir aber auch Verzeihung, wenn sich kühn
Vertraulichkeit von meinen Lippen wagt:
Wie heftig wilde Gärung unten kocht,

Wie Schwäche kaum sich oben schwankend hält;
Nicht jedem wird es klar, dir aber ist's
Mehr als der Menge, der ich angehöre.
O zaudre nicht, im nahen Sturmgewitter
Das falsch gelenkte Steuer zu ergreifen!
Zum Wohle deines Vaterlands verbanne
Den eignen Schmerz; sonst werden tausend Väter,
Wie du, um ihre Kinder weinen, tausend
Und aber tausend Kinder ihre Väter
Vermissen, Angstgeschrei der Mütter gräßlich
An hohler Kerkerwand verklingend hallen.
O bringe deinen Jammer, deinen Kummer
Auf dem Altar des allgemeinen Wohls
Zum Opfer dar! und alle, die du rettest,
Gewinnst du dir als Kinder zum Ersatz.

Herzog. Aus grauenvollen Winkeln führe nicht
Mir der Gespenster dichte Schar heran,
Die meiner Tochter liebliche Gewalt
Mir zaubrisch oft und leicht hinweggebannt.
Sie ist dahin, die schmeichlerische Kraft,
Die meinen Geist in holde Träume sang.
Nun drängt das Wirkliche mit dichten Massen
An mich heran und droht, mich zu erdrücken.
Hinaus, hinaus! Von dieser Welt hinweg!
Und lügt mir nicht das Kleid, in dem du wandelst,
So führe mich zur Wohnung der Geduld,
Ins Kloster führe mich und laß mich dort,
Im allgemeinen Schweigen, stumm, gebeugt,
Ein müdes Leben in die Grube senken.

Weltgeistlicher.
Mir ziemt es kaum, dich an die Welt zu weisen;
Doch andre Worte sprech ich kühner aus.
Nicht in das Grab, nicht übers Grab verschwendet
Ein edler Mann der Sehnsucht hohen Wert.
Er kehrt in sich zurück und findet staunend
In seinem Busen das Verlorne wieder.

Herzog. Daß ein Besitz so fest sich hier erhält,
Wenn das Verlorne fern und ferner flieht,
Das ist die Qual, die das geschiedene,
Für ewig losgerißne Glied aufs neue

Dem schmerzergriffnen Körper fügen will.
Getrenntes Leben, wer vereinigt's wieder?
Vernichtetes, wer stellt es her?

Weltgeistlicher. Der Geist!
Des Menschen Geist, dem nichts verlorengeht,
Was er von Wert mit Sicherheit besessen.
So lebt Eugenie vor dir, sie lebt
In deinem Sinne, den sie sonst erhub,
Dem sie das Anschaun herrlicher Natur
Lebendig aufgeregt; so wirkt sie noch
Als hohes Vorbild, schützet vor Gemeinem,
Vor Schlechtem dich, wie's jede Stunde bringt,
Und ihrer Würde wahrer Glanz verscheuchet
Den eitlen Schein, der dich bestechen will.
So fühle dich durch ihre Kraft beseelt!
Und gib ihr so ein unzerstörlich Leben,
Das keine Macht entreißen kann, zurück.

Herzog. Laß eines dumpfen, dunklen Traumgeflechtes
Verworrne Todesnetze mich zerreißen!
Und bleibe mir, du vielgeliebtes Bild,
Vollkommen, ewig jung und ewig gleich!
Laß deiner klaren Augen reines Licht
Mich immerfort umglänzen! Schwebe vor,
Wohin ich wandle, zeige mir den Weg
Durch dieser Erde Dornenlabyrinth!
Du bist kein Traumbild, wie ich dich erblicke;
Du warst, du bist. Die Gottheit hatte dich
Vollendet einst gedacht und dargestellt.
So bist du teilhaft des Unendlichen,
Des Ewigen, und bist auf ewig mein.

VIERTER AUFZUG

Platz am Hafen. Zur einen Seite ein Palast, auf der andern eine Kirche, im Grund eine Reihe Bäume, durch die man nach dem Hafen hinabsieht.

ERSTER AUFTRITT

Eugenie, in einen Schleier gehüllt, auf einer Bank im Grunde, mit dem Gesicht nach der See. Hofmeisterin, Gerichtsrat im Vordergrunde.

Hofmeisterin.
Drängt unausweichlich ein betrübt Geschäft
Mich aus dem Mittelpunkt des Reiches, mich
Aus dem Bezirk der Hauptstadt an die Grenze
Des festen Lands, zu diesem Hafenplatz,
So folgt mir streng die Sorge, Schritt vor Schritt,
Und deutet mir bedenklich in die Weite.
Wie müssen Rat und Anteil eines Manns,
Der allen edel, zuverlässig gilt,
Mir als ein Leitstern wonniglich erscheinen!
Verzeih daher, wenn ich mit diesem Blatt,
Das mich zu solcher schweren Tat berechtigt,
Zu dir mich wendend, komme, den so lange
Man im Gericht, wo viel Gerechte wirken,
Erst pries als Beistand, nun als Richter preist.

Gerichtsrat *(der indessen das Blatt nachdenkend angesehen).*
Nicht mein Verdienst, nur mein Bemühen war
Vielleicht zu preisen. Sonderbar jedoch
Will es mich dünken, daß du eben diesen,
Den du gerecht und edel nennen willst,
In solcher Sache fragen, ihm getrost
Solch ein Papier vors Auge bringen magst,
Worauf er nur mit Schauder blicken kann.
Nicht ist von Recht noch von Gericht die Rede:
Hier ist Gewalt! entsetzliche Gewalt,
Selbst wenn sie klug, selbst wenn sie weise handelt.
Anheimgegeben ward ein edles Kind,

Auf Tod und Leben – sag ich wohl zu viel? –
Anheimgegeben deiner Willkür. Jeder,
Sei er Beamter, Kriegsmann, Bürger, alle
Sind angewiesen, dich zu schützen, sie
Nach deines Worts Gesetzen zu behandeln.
(Er gibt das Blatt zurück.)

Hofmeisterin. Auch hier beweise dich gerecht und laß
Nicht dies Papier allein als Kläger sprechen,
Auch mich, die hart Verklagte, höre nun
Und meinen offnen Vortrag günstig an.
Aus edlem Blut entsproß die Treffliche;
Von jeder Gabe, jeder Tugend schenkt'
Ihr die Natur den allerschönsten Teil,
Wenn das Gesetz ihr andre Rechte weigert.
Und nun verbannt! Ich sollte sie dem Kreise
Der Ihrigen entführen, sie hierher,
Hinüber nach den Inseln sie geleiten.

Gerichtsrat. Gewissem Tod entgegen, der im Qualm
Erhitzter Dünste schleichend überfällt.
Dort soll verwelken diese Himmelsblume,
Die Farbe dieser Wange dort verbleichen!
Verschwinden die Gestalt, die sich das Auge
Mit Sehnsucht immer zu erhalten wünscht.

Hofmeisterin. Bevor du richtest, höre weiter an!
Unschuldig ist – bedarf es wohl Beteurung? –,
Doch vieler Übel Ursach' dieses Kind.
Sie, als des Haders Apfel, warf ein Gott
Erzürnt ins Mittel zwischen zwei Parteien,
Die sich, auf ewig nun getrennt, bekämpfen.
Sie will der eine Teil zum höchsten Glück
Berechtigt wissen, wenn der andre sie
Hinabzudrängen strebt. Entschieden beide. –
Und so umschlang ein heimlich Labyrinth
Verschmitzten Wirkens doppelt ihr Geschick,
So schwankte List um List im Gleichgewicht,
Bis ungeduld'ge Leidenschaft zuletzt
Den Augenblick entschiedenen Gewinns
Beschleunigte. Da brach von beiden Seiten
Die Schranke der Verstellung, drang Gewalt,
Dem Staate selbst gefährlich drohend, los,

Und nun, sogleich der Schuld'gen Schuld zu hemmen,
Zu tilgen, trifft ein hoher Göttersprudh
Des Kampfs unschuld'gen Anlaß, meinen Zögling,
Und reißt, verbannend, mich mit ihm dahin.

Gerichtsrat. Ich schelte nicht das Werkzeug, rechte kaum
Mit jenen Mächten, die sich solche Handlung
Erlauben können. Leider sind auch sie
Gebunden und gedrängt. Sie wirken selten
Aus freier Überzeugung. Sorge, Furcht
Vor größerm Übel nötiget Regenten
Die nützlich ungerechten Taten ab.
Vollbringe, was du mußt, entferne dich
Aus meiner Enge reingezognem Kreis.

Hofmeisterin. Den eben such ich auf! da dring ich hin!
Dort hoff ich Heil! du wirst mich nicht verstoßen.
Den werten Zögling wünscht' ich lange schon
Vom Glück zu überzeugen, das im Kreise
Des Bürgerstandes hold genügsam weilt.
Entsagte sie der nicht gegönnten Höhe,
Ergäbe sich des biedern Gatten Schutz
Und wendete von jenen Regionen,
Wo sie Gefahr, Verbannung, Tod umlauern,
Ins Häusliche den liebevollen Blick:
Gelöst wär' alles, meiner strengen Pflicht
Wär' ich entledigt, könnt' im Vaterland
Vertrauter Stunden mich verweilend freuen.

Gerichtsrat. Ein sonderbar Verhältnis zeigst du mir!

Hofmeisterin.
Dem klug entschloßnen Manne zeig ich's an.

Gerichtsrat. Du gibst sie frei, wenn sich ein Gatte findet?

Hofmeisterin. Und reichlich ausgestattet geb ich sie.

Gerichtsrat. So übereilt, wer dürfte sich entschließen?

Hofmeisterin. Nur übereilt bestimmt die Neigung sich.

Gerichtsrat. Die Unbekannte wählen wäre Frevel.

Hofmeisterin. Dem ersten Blick ist sie gekannt und wert.

Gerichtsrat. Der Gattin Feinde drohen auch dem Gatten.

Hofmeisterin.
Versöhnt ist alles, wenn sie Gattin heißt.

Gerichtsrat.
Und ihr Geheimnis, wird man's ihm entdecken?

Hofmeisterin. Vertrauen wird man dem Vertrauenden.
Gerichtsrat. Und wird sie frei solch einen Bund erwählen?
Hofmeisterin. Ein großes Übel dränget sie zur Wahl.
Gerichtsrat. In solchem Fall zu werben, ist es redlich?
Hofmeisterin. Der Rettende faßt an und klügelt nicht.
Gerichtsrat. Was forderst du vor allen andern Dingen?
Hofmeisterin. Entschließen soll sie sich im Augenblick.
Gerichtsrat. Ist euer Schicksal ängstlich so gesteigert?
Hofmeisterin.
Im Hafen regt sich emsig schon die Fahrt.
Gerichtsrat. Hast du ihr früher solchen Bund geraten?
Hofmeisterin. Im allgemeinen deutet' ich dahin.
Gerichtsrat. Entfernte sie unwillig den Gedanken?
Hofmeisterin. Noch war das alte Glück ihr allzu nah.
Gerichtsrat.
Die schönen Bilder, werden sie entweichen?
Hofmeisterin. Das hohe Meer hat sie hinweggeschreckt.
Gerichtsrat. Sie fürchtet, sich vom Vaterland zu trennen?
Hofmeisterin.
Sie fürchtet's, und ich fürcht' es wie den Tod.
O laß uns, Edler, glücklich Aufgefundner,
Vergebne Worte nicht bedenklich wechseln!
Noch lebt in dir, dem Jüngling, jede Tugend,
Die mächt'gen Glaubens, unbedingter Liebe
Zu nie genug geschätzter Tat bedarf.
Gewiß umgibt ein schöner Kreis dich auch
Von Ähnlichen – von Gleichen sag ich nicht!
O sieh dich um in deinem eignen Herzen,
In deiner Freunde Herzen sieh umher,
Und findest du ein überfließend Maß
Von Liebe, von Ergebung, Kraft und Mut,
So werde dem Verdientesten dies Kleinod
Mit stillem Segen heimlich übergeben!
Gerichtsrat. Ich weiß, ich fühle deinen Zustand, kann
Und mag nicht mit mir selbst bedächtig erst,
Wie Klugheit forderte, zu Rate gehn!
Ich will sie sprechen.
Hofmeisterin *(tritt zurück gegen Eugenien).*
Gerichtsrat. Was geschehen soll,
Es wird geschehn! In ganz gemeinen Dingen

Hängt viel von Wahl und Wollen ab; das Höchste,
Was uns begegnet, kommt, wer weiß, woher.

ZWEITER AUFTRITT

Eugenie. Gerichtsrat.

Gerichtsrat. Indem du mir, verehrte Schöne, nahst,
So zweifl' ich fast, ob man mich treu berichtet.
Du bist unglücklich, sagt man; doch du bringst,
Wohin du wandelst, Glück und Heil heran.
Eugenie. Find ich den ersten, dem aus tiefer Not
Ich Blick und Wort entgegenwenden darf,
So mild und edel, als du mir erscheinst:
Dies Angstgefühl, ich hoffe, wird sich lösen.
Gerichtsrat. Ein Vielerfahrner wäre zu bedauern,
Wär' ihm das Los gefallen, das dich trifft;
Wie ruft nicht erst bedrängter Jugend Kummer
Die Mitgefühle hilfsbedürftig an!
Eugenie. So hob ich mich vor kurzem aus der Nacht
Des Todes an des Tages Licht herauf:
Ich wußte nicht, wie mir geschehn! wie hart
Ein jäher Sturz mich lähmend hingestreckt.
Da rafft' ich mich empor, erkannte wieder
Die schöne Welt, ich sah den Arzt bemüht,
Die Flamme wieder anzufachen, fand
In meines Vaters liebevollem Blick,
An seinem Ton mein Leben wieder. Nun
Zum zweitenmal, von einem jähern Sturz,
Erwach ich! Fremd und schattengleich erscheint
Mir die Umgebung, mir der Menschen Wandeln,
Und deine Milde selbst ein Traumgebild.
Gerichtsrat. Wenn Fremde sich in unsre Lage fühlen,
Sind sie wohl näher als die Nächsten, die
Oft unsern Gram als wohlbekanntes Übel
Mit lässiger Gewohnheit übersehn.
Dein Zustand ist gefährlich; ob er gar
Unheilbar sei, wer wagt es zu entscheiden!
Eugenie. Ich habe nichts zu sagen. Unbekannt
Sind mir die Mächte, die mein Elend schufen.

Du hast das Weib gesprochen, jene weiß;
Ich dulde nur dem Wahnsinn mich entgegen.

Gerichtsrat. Was auch der Obermacht gewalt'gen Schluß
Auf dich herabgerufen, leichte Schuld,
Ein Irrtum, den der Zufall schädlich leitet –
Die Achtung bleibt, die Neigung spricht für dich.

Eugenie. Des reinen Herzens traulich mir bewußt,
Sinn ich der Wirkung kleiner Fehler nach.

Gerichtsrat.
Auf ebnem Boden straucheln ist ein Scherz,
Ein Fehltritt stürzt' vom Gipfel dich herab.

Eugenie. Auf jenen Gipfeln schwebt' ich voll Entzücken,
Der Freuden Übermaß verwirrte mich.
Das nahe Glück berührt' ich schon im Geist,
Ein köstlich Pfand lag schon in meinen Händen.
Nur wenig Ruhe! wenige Geduld!
Und alles war, so darf ich glauben, mein.
Doch übereilt' ich's, überließ mich rasch
Zudringlicher Versuchung. – War es das? –
Ich sah, ich sprach, was mir zu sehn, zu sprechen
Verboten war. Wird ein so leicht Vergehn
So hart bestraft? Ein läßlich scheinendes,
Scherzhafter Probe gleichendes Verbot,
Verdammt's den Übertreter ohne Schonung?
Oh, so ist's wahr, was uns der Völker Sagen
Unglaublich überliefern! Jenes Apfels
Leichtsinnig augenblicklicher Genuß
Hat aller Welt unendlich Weh verschuldet.
So ward auch mir ein Schlüssel anvertraut:
Verbotne Schätze wagt' ich aufzuschließen,
Und aufgeschlossen hab ich mir das Grab.

Gerichtsrat. Des Übels Quelle findest du nicht aus,
Und aufgefunden, fließt sie ewig fort.

Eugenie. In kleinen Fehlern such ich's, gebe mir
Aus eitlem Wahn die Schuld so großer Leiden.
Nur höher, höher wende den Verdacht!
Die beiden, denen ich mein ganzes Glück
Zu danken hoffte, die erhabnen Männer,
Zum Scheine reichten sie sich Hand um Hand.
Der innre Zwist unsicherer Parteien,

Der nur in düstern Höhlen sich geneckt,
Er bricht vielleicht ins Freie bald hervor!
Und was mich erst als Furcht und Sorg' umgeben,
Entscheidet sich, indem es mich vernichtet,
Und droht Vernichtung aller Welt umher.

Gerichtsrat. Du jammerst mich! das Schicksal einer Welt
Verkündest du nach deinem Schmerzgefühl.
Und schien dir nicht die Erde froh und glücklich,
Als du, ein heitres Kind, auf Blumen schrittest?

Eugenie. Wer hat es reizender als ich gesehn,
Der Erde Glück mit allen seinen Blüten!
Ach, alles um mich her, es war so reich,
So voll und rein, und was der Mensch bedarf,
Es schien zur Lust, zum Überfluß gegeben.
Und wem verdankt' ich solch ein Paradies?
Der Vaterliebe dankt' ich's, die, besorgt
Ums Kleinste wie ums Größte, mich verschwendrisch
Mit Prachtgenüssen zu erdrücken schien
Und meinen Körper, meinen Geist zugleich,
Ein solches Wohl zu tragen, bildete.
Wenn alles weichlich Eitle mich umgab,
Ein wonniges Behagen mir zu schmeicheln,
So rief mich ritterlicher Trieb hinaus,
Zu Roß und Wagen, mit Gefahr zu kämpfen.
Oft sehnt' ich mich in ferne Weiten hin,
Nach fremder Lande seltsam neuen Kreisen.
Dorthin versprach der edle Vater mich,
Ans Meer, versprach er, mich zu führen, hoffte,
Sich meines ersten Blicks ins Unbegrenzte
Mit liebevollem Anteil zu erfreun –
Da steh ich nun und schaue weit hinaus,
Und enger scheint mich's, enger zu umschließen.
O Gott, wie schränkt sich Welt und Himmel ein,
Wenn unser Herz in seinen Schranken banget!

Gerichtsrat. Unselige! die mir aus deinen Höhen,
Ein Meteor, verderblich niederstreifst
Und meiner Bahn Gesetz berührend störst!
Auf ewig hast du mir den heitren Blick
Ins volle Meer getrübt. Wenn Phöbus nun
Ein feuerwallend Lager sich bereitet

Und jedes Auge von Entzücken tränt,
Da werd ich weg mich wenden, werde dich
Und dein Geschick beweinen. Fern am Rande
Des nachtumgebnen Ozeans erblick ich
Mit Not und Jammer deinen Pfad umstrickt!
Entbehrung alles nötig lang Gewohnten,
Bedrängnis neuer Übel, ohne Flucht.
Der Sonne glühendes Geschoß durchdringt
Ein feuchtes, kaum der Flut entrißnes Land.
Um Niederungen schwebet, gift'gen Brodems,
Blaudunst'ger Streifen angeschwollne Pest.
Im Vortod seh ich, matt und hingebleicht,
Von Tag zu Tag ein Kummerleben schwanken.
O die so blühend, heiter vor mir steht,
Sie soll so früh, langsamen Tods, verschwinden!

Eugenie. Entsetzen rufst du mir hervor! Dorthin?
Dorthin verstößt man mich! In jenes Land,
Als Höllenwinkel mir von Kindheit auf
In grauenvollen Zügen dargestellt.
Dorthin, wo sich in Sümpfen Schlang' und Tiger
Durch Rohr und Dorngeflechte tückisch drängen,
Wo, peinlich quälend, als belebte Wolken
Um Wandrer sich Insektenscharen ziehn,
Wo jeder Hauch des Windes, unbequem
Und schädlich, Stunden raubt und Leben kürzt.
Zu bitten dacht' ich; flehend siehst du nun
Die Dringende. Du kannst, du wirst mich retten.

Gerichtsrat. Ein mächtig ungeheurer Talisman
Liegt in den Händen deiner Führerin.

Eugenie. Was ist Gesetz und Ordnung? Können sie
Der Unschuld Kindertage nicht beschützen?
Wer seid denn ihr, die ihr mit leerem Stolz
Durchs Recht Gewalt zu bänd'gen euch berühmt?

Gerichtsrat.
In abgeschloßnen Kreisen lenken wir,
Gesetzlich streng, das in der Mittelhöhe
Des Lebens wiederkehrend Schwebende.
Was droben sich, in ungemeßnen Räumen,
Gewaltig seltsam hin und her bewegt,
Belebt und tötet ohne Rat und Urteil,

Das wird nach anderm Maß, nach andrer Zahl
Vielleicht berechnet, bleibt uns rätselhaft.
Eugenie. Und ist das alles? Hast du weiter nichts
Zu sagen, zu verkünden?
Gerichtsrat. Nichts!
Eugenie. Ich glaub es nicht!
Ich darf's nicht glauben.
Gerichtsrat. Laß, o laß mich fort!
Soll ich als feig, als unentschlossen gelten?
Bedauern, jammern? Soll nicht irgendhin
Mit kühner Hand auf deine Rettung deuten?
Doch läge nicht in dieser Kühnheit selbst
Für mich die gräßlichste Gefahr, von dir
Verkannt zu werden? mit verfehltem Zweck
Als frevelhaft unwürdig zu erscheinen?
Eugenie. Ich lasse dich nicht los, den mir das Glück,
Mein altes Glück, vertraulich zugesendet.
Mich hat's von Jugend auf gehegt, gepflegt,
Und nun im rauhen Sturme sendet mir's
Den edlen Stellvertreter seiner Neigung.
Sollt' ich nicht sehen, fühlen, daß du teil
An mir und meinem Schicksal nimmst? Ich stehe
Nicht ohne Wirkung hier: du sinnst! du denkst! –
Im weiten Kreise rechtlicher Erfahrung
Schaust du zu meinen Gunsten um dich her.
Noch bin ich nicht verloren! Ja, du suchst
Ein Mittel, mich zu retten, hast es wohl
Schon ausgefunden! Mir bekennt's dein Blick,
Dein tiefer, ernster, freundlich trüber Blick.
O kehre dich nicht weg! O sprich es aus,
Ein hohes Wort, das, mich zu heilen, töne!
Gerichtsrat. So wendet voll Vertraun zum Arzte sich
Der tief Erkrankte, fleht um Linderung,
Fleht um Erhaltung schwer bedrohter Tage.
Als Gott erscheint ihm der erfahrne Mann.
Doch ach! ein bitter, unerträglich Mittel
Wird nun geboten. Ach! soll ihm vielleicht
Der edlen Glieder grausame Verstümmelung,
Verlust statt Heilung angekündigt werden?
Gerettet willst du sein! Zu retten bist du,

Nicht herzustellen. Was du warst, ist hin,
Und was du sein kannst, magst du's übernehmen?

Eugenie. Um Rettung aus des Todes Nachtgewalt,
Um dieses Lichts erquickenden Genuß,
Um Sicherheit des Daseins ruft zuerst,
Aus tiefer Not, ein halb Verlorner noch.
Was dann zu heilen sei, was zu erstatten,
Was zu vermissen, lehre Tag um Tag.

Gerichtsrat.
Und nächst dem Leben, was erflehst du dir?

Eugenie. Des Vaterlandes vielgeliebten Boden!

Gerichtsrat. Du forderst viel im einz'gen, großen Wort!

Eugenie. Ein einzig Wort enthält mein ganzes Glück.

Gerichtsrat.
Den Zauberbann, wer wagt's, ihn aufzulösen?

Eugenie. Der Tugend Gegenzauber siegt gewiß!

Gerichtsrat. Der obern Macht ist schwer zu widerstehen.

Eugenie. Allmächtig ist sie nicht, die obre Macht.
Gewiß! dir gibt die Kenntnis jener Formen,
Für Hohe wie für Niedre gleich verbindlich,
Ein Mittel an. Du lächelst. Ist es möglich!
Das Mittel ist gefunden! Sprich es aus!

Gerichtsrat. Was hülf' es, meine Beste, wenn ich dir
Von Möglichkeiten spräche! Möglich scheint
Fast alles unsern Wünschen; unsrer Tat
Setzt sich von innen wie von außen viel,
Was sie durchaus unmöglich macht, entgegen.
Ich kann, ich darf nicht reden, laß mich los!

Eugenie. Und wenn du täuschen solltest! – Wäre nur
Für Augenblicke meiner Phantasie
Ein zweifelhafter, leichter Flug vergönnt!
Ein Übel um das andre biete mir!
Ich bin gerettet, wenn ich wählen kann.

Gerichtsrat. Ein Mittel gibt es, dich im Vaterland
Zurückzuhalten. Friedlich ist's, und manchem
Erschien' es auch erfreulich. Große Gunst
Hat es vor Gott und Menschen. Heil'ge Kräfte
Erheben's über alle Willkür. Jedem,
Der's anerkennt, sich's anzueignen weiß,
Verschafft es Glück und Ruhe. Vollbestand

Erwünschter Lebensgüter sind wir ihm
So wie der Zukunft höchste Bilder schuldig.
Als allgemeines Menschengut verordnet's
Der Himmel selbst, und ließ dem Glück, der Kühnheit
Und stiller Neigung Raum, sich's zu erwerben.

Eugenie. Welch Paradies in Rätseln stellst du dar?

Gerichtsrat.
Der eignen Schöpfung himmlisch Erdenglück.

Eugenie. Was hilft mein Sinnen! ich verwirre mich!

Gerichtsrat.
Errätst du's nicht, so liegt es fern von dir.

Eugenie. Das zeige sich, sobald du ausgesprochen.

Gerichtsrat. Ich wage viel! Der Ehstand ist es!

Eugenie. Wie?

Gerichtsrat. Gesprochen ist's. Nun überlege du.

Eugenie. Mich überrascht, mich ängstet solch ein Wort.

Gerichtsrat. Ins Auge fasse, was dich überrascht.

Eugenie. Mir lag es fern in meiner frohen Zeit,
Nun kann ich seine Nähe nicht ertragen;
Die Sorge, die Beklemmung mehrt sich nur.
Von meines Vaters, meines Königs Hand
Mußt' ich dereinst den Bräutigam erwarten.
Voreilig schwärmte nicht mein Blick umher,
Und keine Neigung wuchs in meiner Brust.
Nun soll ich denken, was ich nie gedacht,
Und fühlen, was ich sittsam weggewiesen;
Soll mir den Gatten wünschen, eh' ein Mann
Sich liebenswert und meiner wert gezeigt,
Und jenes Glück, das Hymen uns verspricht,
Zum Rettungsmittel meiner Not entweihen.

Gerichtsrat.
Dem wackern Mann vertraut ein Weib getrost,
Und wär' er fremd, ein zweifelhaft Geschick.
Der ist nicht fremd, wer teilzunehmen weiß,
Und schnell verbindet ein Bedrängter sich
Mit seinem Retter. Was im Lebensgange
Dem Gatten seine Gattin fesselnd eignet,
Ein Sicherheitsgefühl, ihr werd es nie
An Rat und Trost, an Schutz und Hilfe fehlen,
Das flößt im Augenblick ein kühner Mann

Dem Busen des gefahrumgebnen Weibes
Durch Wagetat auf ew'ge Zeiten ein.
Eugenie. Und mir, wo zeigte sich ein solcher Held?
Gerichtsrat. Der Männer Schar ist groß in dieser Stadt.
Eugenie. Doch allen bin und bleib ich unbekannt.
Gerichtsrat.
Nicht lange bleibt ein solcher Blick verborgen!
Eugenie. O täusche nicht ein leicht betrognes Hoffen!
Wo fände sich ein gleicher, seine Hand
Mir, der Erniedrigten, zu reichen? Dürft' ich
Dem gleichen selbst ein solches Glück verdanken?
Gerichtsrat. Ungleich erscheint im Leben viel, doch bald
Und unerwartet ist es ausgeglichen.
In ew'gem Wechsel wiegt ein Wohl das Weh
Und schnelle Leiden unsre Freuden auf.
Nichts ist beständig! Manches Mißverhältnis
Löst unbemerkt, indem die Tage rollen,
Durch Stufenschritte sich in Harmonie.
Und ach! den größten Abstand weiß die Liebe,
Die Erde mit dem Himmel auszugleichen.
Eugenie. In leere Träume denkst du mich zu wiegen.
Gerichtsrat. Du bist gerettet, wenn du glauben kannst.
Eugenie. So zeige mir des Retters treues Bild.
Gerichtsrat. Ich zeig ihn dir, er bietet seine Hand!
Eugenie. Du! welch ein Leichtsinn überraschte dich?
Gerichtsrat.
Entschieden bleibt auf ewig mein Gefühl.
Eugenie. Der Augenblick, vermag er solche Wunder?
Gerichtsrat. Das Wunder ist des Augenblicks Geschöpf.
Eugenie. Und Irrtum auch der Übereilung Sohn.
Gerichtsrat.
Ein Mann, der dich gesehen, irrt nicht mehr.
Eugenie. Erfahrung bleibt des Lebens Meisterin.
Gerichtsrat.
Verwirren kann sie, doch das Herz entscheidet.
O laß dir sagen: Wie, vor wenig Stunden,
Ich mit mir selbst zu Rate ging und mich
So einsam fühlte, meine ganze Lage,
Vermögen, Stand, Geschäft ins Auge faßte
Und um mich her nach einer Gattin sann,

Da regte Phantasie mir manches Bild,
Die Schätze der Erinnrung sichtend, auf,
Und wohlgefällig schwebten sie vorüber.
Zu keiner Wahl bewegte sich mein Herz.
Doch du erscheinest: ich empfinde nun,
Was ich bedurfte. Dies ist mein Geschick.

Eugenie. Die Fremde, schlecht Umgebne, Mißempfohlne,
Sie könnte frohen, stolzen Trost empfinden,
Sich so geschätzt, sich so geliebt zu sehn;
Bedächte sie nicht auch des Freundes Glück,
Des edlen Manns, der unter allen Menschen
Vielleicht zuletzt ihr Hilfe bieten mag.
Betrügst du dich nicht selbst? und wagst du, dich
Mit jener Macht, die mich bedroht, zu messen?

Gerichtsrat. Mit jener nicht allein! – Dem Ungestüm
Des rohen Drangs der Menge zu entgehn,
Hat uns ein Gott den schönsten Port bezeichnet.
Im Hause, wo der Gatte sicher waltet,
Da wohnt allein der Friede, den vergebens
Im Weiten du, da draußen, suchen magst.
Unruh'ge Mißgunst, grimmige Verleumdung,
Verhallendes, parteiisches Bestreben,
Nicht wirken sie auf diesen heil'gen Kreis!
Vernunft und Liebe hegen jedes Glück,
Und jeden Unfall mildert ihre Hand.
Komm! rette dich zu mir! Ich kenne mich!
Und weiß, was ich versprechen darf und kann.

Eugenie. Bist du in deinem Hause Fürst?

Gerichtsrat. Ich bin's!
Und jeder ist's, der Gute wie der Böse.
Reicht eine Macht denn wohl in jenes Haus,
Wo der Tyrann die holde Gattin kränkt,
Wenn er nach eignem Sinn verworren handelt,
Durch Launen, Worte, Taten jede Lust
Mit Schadenfreude sinnreich untergräbt?
Wer trocknet ihre Tränen? Welch Gesetz,
Welch Tribunal erreicht den Schuldigen?
Er triumphiert, und schweigende Geduld
Senkt nach und nach, verzweifelnd, sie ins Grab.
Notwendigkeit, Gesetz, Gewohnheit gaben

Dem Mann so große Rechte; sie vertrauten
Auf seine Kraft, auf seinen Biedersinn. –
Nicht Heldenfaust, nicht Heldenstamm, geliebte,
Verehrte Fremde, weiß ich dir zu bieten;
Allein des Bürgers hohen Sicherstand.
Und bist du mein, was kann dich mehr berühren?
Auf ewig bist du mein, versorgt, beschützt.
Der König fordre dich von mir zurück:
Als Gatte kann ich mit dem König rechten.

Eugenie. Vergib! Mir schwebt noch allzu lebhaft vor,
Was ich verscherzte! Du, Großmütiger,
Bedenkest nur, was mir noch übrigblieb.
Wie wenig ist es! Dieses wenige
Lehrst du mich schätzen, gibst mein eignes Wesen
Durch dein Gefühl belebend mir zurück.
Verehrung zoll ich dir. Wie soll ich's nennen?
Dankbare, schwesterlich entzückte Neigung!
Ich fühle mich als dein Geschöpf und kann
Dir leider, wie du wünschest, nicht gehören.

Gerichtsrat.
So schnell versagst du dir und mir die Hoffnung!

Eugenie. Das Hoffnungslose kündet schnell sich an!

DRITTER AUFTRITT

Die Vorigen. Hofmeisterin.

Hofmeisterin.
Dem günst'gen Wind gehorcht die Flotte schon,
Die Segel schwellen, alles eilt hinab.
Die Scheidenden umarmen tränend sich,
Und von den Schiffen, von dem Strande wehn
Die weißen Tücher noch den letzten Gruß.
Bald lichtet unser Schiff die Anker auch!
Komm! laß uns gehen! Uns begleitet nicht
Ein Scheidegruß, wir ziehen unbeweint.

Gerichtsrat.
Nicht unbeweint, nicht ohne bittern Schmerz
Zurückgelaßner Freunde, die nach euch
Die Arme rettend strecken. Oh! vielleicht

Erscheint, was ihr im Augenblick verschmäht,
Euch bald ein sehnsuchtswertes, fernes Bild.
(Zu Eugenien.) Vor wenigen Minuten nannt' ich dich
Entzückt willkommen! Soll ein Lebewohl
Behend auf ewig unsre Trennung siegeln?
Hofmeisterin. Der Unterredung Inhalt, ahn ich ihn?
Gerichtsrat. Zum ew'gen Bunde siehst du mich bereit.
Hofmeisterin *(zu Eugenien).*
Und wie erkennst du solch ein groß Erbieten?
Eugenie. Mit höchst gerührten Herzens reinstem Dank.
Hofmeisterin. Und ohne Neigung, diese Hand zu fassen?
Gerichtsrat. Zur Hilfe bietet sie sich dringend an.
Eugenie. Das Nächste steht oft unergreifbar fern.
Hofmeisterin.
Ach! fern von Rettung stehn wir nur zu bald.
Gerichtsrat. Und hast du künftig Drohendes bedacht?
Eugenie. Sogar das letzte Drohende, den Tod.
Hofmeisterin. Ein angebotnes Leben schlägst du aus?
Gerichtsrat. Erwünschte Feier froher Bundestage?
Eugenie.
Ein Fest versäumt' ich, keins erscheint mir wieder.
Hofmeisterin. Gewinnen kann, wer viel verloren, schnell.
Gerichtsrat. Nach glänzendem ein dauerhaft Geschick.
Eugenie. Hinweg die Dauer, wenn der Glanz verlosch.
Hofmeisterin. Wer Mögliches bedenkt, läßt sich genügen.
Gerichtsrat.
Und wem genügte nicht an Lieb' und Treue?
Eugenie. Den Schmeichelworten widerspricht mein Herz
Und widerstrebt euch beiden, ungeduldig.
Gerichtsrat. Ach, allzu lästig scheint, ich weiß es wohl,
Uns unwillkommne Hilfe! Sie erregt
Nur innern Zwiespalt. Danken möchten wir,
Und sind undankbar, da wir nicht empfangen.
Drum laßt mich scheiden! doch des Hafenbürgers
Gebrauch und Pflicht vorher an euch erfüllen,
Aufs unfruchtbare Meer, von Landesgaben,
Zum Lebewohl Erquickungsvorrat widmen!
Dann werd ich stehen, werde starren Blicks
Geschwollne Segel ferner, immer ferner,
Und Glück und Hoffnung weichend schwinden sehn.

VIERTER AUFTRITT

Eugenie. Hofmeisterin.

Eugenie. In deiner Hand, ich weiß es, ruht mein Heil
Sowie mein Elend. Laß dich überreden!
Laß dich erweichen! Schiffe mich nicht ein!
Hofmeisterin. Du lenkest nun, was uns begegnen soll,
Du hast zu wählen! Ich gehorche nur
Der starken Hand, sie stößt mich vor sich hin.
Eugenie. Und nennst du Wahl, wenn Unvermeidliches
Unmöglichem sich gegenüberstellt?
Hofmeisterin.
Der Bund ist möglich wie der Bann vermeidlich.
Eugenie. Unmöglich ist, was Edle nicht vermögen.
Hofmeisterin.
Für diesen biedern Mann vermagst du viel.
Eugenie. In beßre Lagen führe mich zurück,
Und sein Erbieten lohn ich grenzenlos.
Hofmeisterin.
Ihm lohne gleich, was ihn allein belohnt:
Zu hohen Stufen heb ihn deine Hand!
Wenn Tugend, wenn Verdienst den Tüchtigen
Nur langsam fördern, wenn er still entsagend
Und kaum bemerkt sich andern widmend strebt,
So führt ein edles Weib ihn leicht ans Ziel.
Hinunter soll kein Mann die Blicke wenden,
Hinauf zur höchsten Frauen kehr' er sich!
Gelingt es ihm, sie zu erwerben, schnell
Geebnet zeigt des Lebens Pfad sich ihm.
Eugenie. Verwirrender, verfälschter Worte Sinn
Entwickl' ich wohl aus deinen falschen Reden.
Das Gegenteil erkenn ich nur zu klar:
Der Gatte zieht sein Weib unwiderstehlich
In seines Kreises abgeschloßne Bahn.
Dorthin ist sie gebannt, sie kann sich nicht
Aus eigner Kraft besondre Wege wählen:
Aus niedrem Zustand führt er sie hervor,
Aus höhern Sphären lockt er sie hernieder.
Verschwunden ist die frühere Gestalt,
Verloschen jede Spur vergangner Tage.

Was sie gewann, wer will es ihr entreißen?
Was sie verlor, wer gibt es ihr zurück?
Hofmeisterin.
So brichst du grausam dir und mir den Stab.
Eugenie.
Noch forscht mein Blick nach Rettung hoffnungsvoll.
Hofmeisterin.
Der Liebende verzweifelt – kannst du hoffen?
Eugenie. Ein kalter Mann verlieh' uns bessern Rat.
Hofmeisterin. Von Rat und Wahl ist keine Rede mehr;
Du stürzest mich ins Elend, folge mir!
Eugenie. O daß ich dich noch einmal freundlich hold
Vor meinen Augen sähe, wie du stets
Von früher Zeit herauf mich angeblickt!
Der Sonne Glanz, die alles Leben regt,
Des klaren Monds erquicklich leiser Schein
Begegneten mir holder nicht als du.
Was konnt' ich wünschen? Vorbereitet war's.
Was durft' ich fürchten? Abgelehnt war alles!
Und zog sich ins Verborgne meine Mutter
Vor ihres Kindes Blicken früh zurück,
So reichtest du ein überfließend Maß
Besorgter Mutterliebe mir entgegen.
Bist du denn ganz verwandelt? Äußerlich
Erscheinst du mir die Vielgeliebte selber;
Doch ausgewechselt ist, so scheint's, dein Herz –
Du bist es noch, die ich um Klein- und Großes
So oft gebeten, die mir nichts verweigert.
Gewohnter Ehrfurcht kindliches Gefühl,
Es lehrt mich nun, das Höchste zu erbitten.
Und könnt' es mich erniedrigen, dich nun
An Vaters, Königs, dich an Gottes Statt
Gebognen Knies um Rettung anzuflehen?
(Sie kniet.)
Hofmeisterin. In dieser Lage scheinst du meiner nur
Verstellt zu spotten. Falschheit rührt mich nicht.
(Hebt Eugenien mit Heftigkeit auf.)
Eugenie. So hartes Wort, so widriges Betragen,
Erfahr ich das, erleb ich das von dir?
Und mit Gewalt verscheuchst du meinen Traum.

Im klaren Lichte seh ich mein Geschick!
Nicht meine Schuld, nicht jener Großen Zwist,
Des Bruders Tücke hat mich hergestoßen,
Und mitverschworen hältst du mich gebannt.

Hofmeisterin.
Dein Irrtum schwankt nach allen Seiten hin.
Was will der Bruder gegen dich beginnen?
Den bösen Willen hat er, nicht die Macht.

Eugenie.
Sei's, wie ihm wolle! Noch verschmacht' ich nicht
In ferner Wüste hoffnungslosen Räumen.
Ein lebend Volk bewegt sich um mich her,
Ein liebend Volk, das auch den Vaternamen
Entzückt aus seines Kindes Mund vernimmt.
Die fordr' ich auf. Aus roher Menge kündet
Ein mächt'ger Ruf mir meine Freiheit an.

Hofmeisterin. Die rohe Menge hast du nie gekannt,
Sie starrt und staunt und zaudert, läßt geschehn;
Und regt sie sich, so endet ohne Glück,
Was ohne Plan zufällig sie begonnen.

Eugenie. Den Glauben wirst du mir mit kaltem Wort
Nicht wie mein Glück mit frecher Tat zerstören.
Dort unten hoff ich Leben, aus dem Leben,
Dort, wo die Masse tätig strömend wogt,
Wo jedes Herz, mit wenigem befriedigt,
Für holdes Mitleid gern sich öffnen mag.
Du hältst mich nicht zurück! Ich rufe laut,
Wie furchtbar mich Gefahr und Not bedrängen,
Ins wühlende Gemisch mich stürzend, aus.

FÜNFTER AUFZUG

Platz am Hafen.

ERSTER AUFTRITT

Eugenie. Hofmeisterin.

Eugenie. Mit welchen Ketten führst du mich zurück?
Gehorch ich, wider Willen, diesmal auch!
Fluchwürdige Gewalt der Stimme, die
Mich einst so glatt zur Folgsamkeit gewöhnte,
Die meines ersten bildsamen Gefühls
Im ganzen Umfang sich bemeisterte!
Du warst es, der ich dieser Worte Sinn
Zuerst verdanke, dieser Sprache Kraft
Und künstliche Verknüpfung; diese Welt
Hab ich aus deinem Munde, ja mein eignes Herz.
Nun brauchst du diesen Zauber gegen mich,
Du fesselst mich, du schleppst mich hin und wider,
Mein Geist verwirrt sich, mein Gefühl ermattet,
Und zu den Toten sehn ich mich hinab.
Hofmeisterin. O hätte diese Zauberkraft gewirkt,
Als ich dich dringend, flehentlich gebeten,
Von jenen hohen Planen abzustehn!
Eugenie. Du ahnetest solch ungeheures Übel
Und warntest nicht den allzu sichern Mut?
Hofmeisterin. Wohl durft' ich warnen, aber leise nur;
Die ausgesprochne Silbe trug den Tod.
Eugenie. Und hinter deinem Schweigen lag Verbannung!
Ein Todeswort, willkommner war es mir.
Hofmeisterin. Dies Unglück, vorgesehen oder nicht,
Hat mich und dich in gleiches Netz verschlungen.
Eugenie. Was kann ich wissen, welch ein Lohn dir wird,
Um deinen armen Zögling zu verderben.
Hofmeisterin.
Er wartet wohl am fremden Strande mein!
Das Segel schwillt und führt uns beide hin.
Eugenie. Noch hat das Schiff in seine Kerker nicht
Mich aufgenommen. Sollt' ich willig gehn?

Hofmeisterin.
Und riefst du nicht das Volk zur Hilfe schon?
Es staunte nur dich an und schwieg und ging.
Eugenie. Mit ungeheurer Not im Kampfe, schien
Ich dem gemeinen Blick des Wahnsinns Beute.
Doch sollst du mir mit Worten, mit Gewalt
Den mut'gen Schritt nach Hilfe nicht verkümmern.
Die Ersten dieser Stadt erheben sich
Aus ihren Häusern dem Gestade zu,
Die Schiffe zu bewundern, die gereiht,
Uns unerwünscht, das hohe Meer gewinnen.
Schon regt sich am Palast des Gouverneurs
Die Wache. Jener ist es, der die Stufen,
Von mehreren begleitet, niedersteigt.
Ich will ihn sprechen, ihm den Fall erzählen!
Und ist er wert, an meines Königs Platz
Den wichtigsten Geschäften vorzustehn,
So weist er mich nicht unerhört von hinnen.
Hofmeisterin.
Ich hindre dich an diesem Schritte nicht,
Doch nennst du keinen Namen, nur die Sache.
Eugenie. Den Namen nicht, bis ich vertrauen darf.
Hofmeisterin. Es ist ein edler junger Mann und wird,
Was er vermag, mit Anstand gern gewähren.

ZWEITER AUFTRITT

Die Vorigen. Der Gouverneur. Adjutanten.

Eugenie. Dir in den Weg zu treten, darf ich's wagen?
Wirst du der kühnen Fremden auch verzeihn?
Gouverneur *(nachdem er sie aufmerksam betrachtet).*
Wer sich, wie du, dem ersten Blick empfiehlt,
Der ist gewiß des freundlichsten Empfangs.
Eugenie. Nicht froh und freundlich ist es, was ich bringe,
Entgegen treibt mich dir die höchste Not.
Gouverneur. Ist, sie zu heben, möglich, sei mir's Pflicht;
Ist sie auch nur zu lindern, soll's geschehn.
Eugenie. Von hohem Haus entsproß die Bittende;
Doch leider ohne Namen tritt sie auf.

Gouverneur. Ein Name wird vergessen; dem Gedächtnis
Schreibt solch ein Bild sich unauslöschlich ein.
Eugenie. Gewalt und List entreißen, führen, drängen
Mich von des Vaters Brust ans wilde Meer.
Gouverneur. Wer durfte sich an diesem Friedensbild
Mit ungeweihter Feindeshand vergreifen?
Eugenie. Ich selbst vermute nur! Mich überrascht
Aus meinem eignen Hause dieser Schlag.
Von Eigennutz und bösem Rat geleitet,
Sann mir ein Bruder dies Verderben aus,
Und diese hier, die mich erzogen, steht,
Mir unbegreiflich, meinen Feinden bei.
Hofmeisterin.
Ihr steh ich bei und mildre großes Übel,
Das ich zu heilen, leider, nicht vermag.
Eugenie. Ich soll zu Schiffe steigen, fordert sie!
Nach jenen Ufern führt sie mich hinüber!
Hofmeisterin. Geb ich auf solchem Weg ihr das Geleit,
So zeigt es Liebe, Muttersorgfalt an.
Gouverneur. Verzeiht, geschätzte Frauen, wenn ein Mann,
Der, jung an Jahren, manches in der Welt
Gesehn und überlegt, im Augenblick,
Da er euch sieht und hört, bedenklich stutzt.
Vertrauen scheint ihr beide zu verdienen,
Und ihr mißtraut einander beide selbst,
So scheint es wenigstens. Wie soll ich nun
Des wunderbaren Knotens Rätselschlinge,
Die euch umstrickt, zu lösen übernehmen?
Eugenie. Wenn du mich hören willst, vertrau ich mehr.
Hofmeisterin. Auch ich vermöchte manches zu erklären.
Gouverneur. Daß uns mit Fabeln oft ein Fremder täuscht,
Muß auch der Wahrheit schaden, wenn wir sie
In abenteuerlicher Hülle sehn.
Eugenie. Mißtraust du mir, so bin ich ohne Hilfe.
Gouverneur.
Und traut' ich auch, ist doch zu helfen schwer.
Eugenie. Nur zu den Meinen sende mich zurück.
Gouverneur. Verlorne Kinder aufzunehmen, gar
Entwendete, verstoßne zu beschützen,
Bringt wenig Dank dem wohlgesinnten Mann.

Um Gut und Erbe wird sogleich ein Streit,
Um die Person, ob sie die rechte sei,
Gehässig aufgeregt, und wenn Verwandte
Ums Mein und Dein gefühllos hadern, trifft
Den Fremden, der sich eingemischt, der Haß
Von beiden Teilen, und nicht selten gar,
Weil ihm der strengere Beweis nicht glückt,
Steht er zuletzt auch vor Gericht beschämt.
Verzeih mir also, wenn ich nicht sogleich
Mit Hoffnung dein Gesuch erwidern kann.

Eugenie. Ziemt eine solche Furcht dem edlen Mann,
Wohin soll sich ein Unterdrückter wenden?

Gouverneur. Doch wenigstens entschuldigst du gewiß,
Im Augenblick, wo ein Geschäft mich ruft,
Wenn ich auf morgen frühe dich hinein
In meine Wohnung lade, dort genauer
Das Schicksal zu erfahren, das dich drängt.

Eugenie. Mit Freuden werd ich kommen. Nimm voraus
Den lauten Dank für meine Rettung an!

Hofmeisterin *(die ihm ein Papier überreicht).*
Wenn wir auf deine Ladung nicht erscheinen,
So ist dies Blatt Entschuldigung genug.

Gouverneur *(der es aufmerksam eine Weile angesehn, es zurückgebend).* So kann ich freilich nur beglückte Fahrt,
Ergebung ins Geschick und Hoffnung wünschen.

DRITTER AUFTRITT

Eugenie. Hofmeisterin.

Eugenie. Ist dies der Talisman, mit dem du mich
Entführst, gefangenhältst, der alle Guten,
Die sich zu Hilfe mir bewegen, lähmt?
Laß mich es ansehn, dieses Todesblatt!
Mein Elend kenn ich; nun, so laß mich auch,
Wer es verhängen konnte, laß mich's wissen.

Hofmeisterin *(die das Blatt offen darzeigt).*
Hier! Sieh herein.

Eugenie *(sich wegwendend).*
Entsetzliches Gefühl!

Und überlebt' ich's, wenn des Vaters Name,
Des Königs Name mir entgegenblitzte?
Noch ist die Täuschung möglich, daß verwegen
Ein Kronbeamter die Gewalt mißbraucht
Und, meinem Bruder frönend, mich verletzt.
Da bin ich noch zu retten. Eben dies
Will ich erfahren! Zeige her!

Hofmeisterin *(wie oben).* Du siehst's!

Eugenie *(wie oben).*
Der Mut verläßt mich! Nein, ich wag es nicht.
Sei's, wie es will, ich bin verloren, bin
Aus allem Vorteil dieser Welt gestoßen;
Entsag ich denn auf ewig dieser Welt!
O dies vergönnst du mir! du willst es ja,
Die Feinde wollen meinen Tod, sie wollen
Mich lebend eingescharrt. Vergönne mir,
Der Kirche mich zu nähern, die begierig
So manch unschuldig Opfer schon verschlang.
Hier ist der Tempel: diese Pforte führt
Zu stillem Jammer wie zu stillem Glück.
Laß diesen Schritt mich ins Verborgne tun!
Was mich daselbst erwartet, sei mein Los.

Hofmeisterin. Ich sehe, die Äbtissin steigt, begleitet
Von zwei der Ihren, zu dem Platz herab;
Auch sie ist jung, von hohem Haus entsprossen:
Entdeck ihr deinen Wunsch, ich hindr' es nicht.

VIERTER AUFTRITT

Die Vorigen. Äbtissin. Zwei Nonnen.

Eugenie. Betäubt, verworren, mit mir selbst entzweit
Und mit der Welt, verehrte heil'ge Jungfrau,
Siehst du mich hier. Die Angst des Augenblicks,
Die Sorge für die Zukunft treiben mich
In deine Gegenwart, in der ich Lindrung
Des ungeheuren Übels hoffen darf.

Äbtissin. Wenn Ruhe, wenn Besonnenheit und Friede
Mit Gott und unserm eignen Herzen sich
Mitteilen läßt, so soll es, edle Fremde,

Nicht fehlen an der Lehre treuem Wort,
Dir einzuflößen, was der Meinen Glück
Und meins, für heut so wie auf ewig, fördert.

Eugenie.
Unendlich ist mein Übel, schwerlich möcht'
Es durch der Worte göttliche Gewalt
Sogleich zu heilen sein. O nimm mich auf
Und laß mich weilen, wo du weilst, mich erst
In Tränen lösen diese Bangigkeit
Und mein erleichtert Herz dem Troste weihen!

Äbtissin. Wohl hab ich oft im heiligen Bezirk
Der Erde Tränen sich in göttlich Lächeln
Verwandeln sehn, in himmlisches Entzücken,
Doch drängt man sich gewaltsam nicht herein:
Gar manche Prüfung muß die neue Schwester
Und ihren ganzen Wert uns erst entwickeln.

Hofmeisterin.
Entschiedner Wert ist leicht zu kennen, leicht,
Was du bedingen möchtest, zu erfüllen.

Äbtissin. Ich zweifle nicht am Adel der Geburt,
Nicht am Vermögen, dieses Hauses Rechte,
Die groß und wichtig sind, dir zu gewinnen.
Drum laßt mich bald vernehmen, was ihr denkt.

Eugenie. Gewähre meine Bitte, nimm mich auf!
Verbirg mich vor der Welt im tiefsten Winkel.
Und meine ganze Habe nimm dahin.
Ich bringe viel und hoffe mehr zu leisten.

Äbtissin.
Kann uns die Jugend, uns die Schönheit rühren,
Ein edles Wesen, spricht's an unser Herz,
So hast du viele Rechte, gutes Kind.
Geliebte Tochter! komm an meine Brust!

Eugenie.
Mit diesem Wort, mit diesem Herzensdruck
Besänftigst du auf einmal alles Toben
Der aufgeregten Brust. Die letzte Welle
Umspielt mich weichend noch. Ich bin im Hafen.

Hofmeisterin *(dazwischentretend)*.
Wenn nicht ein grausam Schicksal widerstünde!
Betrachte dieses Blatt, uns zu beklagen.

(Sie reicht der Äbtissin das Blatt.)

Äbtissin *(die gelesen).*
Ich muß dich tadeln, daß du wissentlich
So manch vergeblich Wort mit angehört.
Ich beuge vor der höhern Hand mich tief,
Die hier zu walten scheint.

FÜNFTER AUFTRITT

Eugenie. Hofmeisterin.

Eugenie. Wie? höhre Hand?
Was meint die Heuchlerin? Versteht sie Gott?
Der himmlisch Höchste hat gewiß nicht hier,
Mit dieser Freveltat zu tun. Versteht
Sie unsern König? Wohl! ich muß es dulden,
Was dieser über mich verhängt. Allein
Ich will nicht mehr in Zweifel, zwischen Furcht
Und Liebe schweben, will nicht weibisch mehr,
Indem ich untergehe, noch des Herzens
Und seiner weichlichen Gefühle schonen.
Es breche, wenn es brechen soll! Und nun
Verlang ich, dieses Blatt zu sehen, sei
Von meinem Vater, sei von meinem König
Das Todesurteil unterzeichnet. Jener
Gereizten Gottheit, die mich niederschmettert,
Will ich getrost ins Auge schauend stehn.
O daß ich vor ihr stünde! Fürchterlich
Ist der bedrängten Unschuld letzter Blick.

Hofmeisterin.
Ich hab es nie verweigert, nimm es hin.

Eugenie *(das Papier von außen ansehend).*
Das ist des Menschen wunderbar Geschick,
Daß bei dem größten Übel noch die Furcht
Vor fernerem Verlust ihm übrigbleibt.
Sind wir so reich, ihr Götter, daß ihr uns
Mit *einem* Schlag nicht alles rauben könnt?
Des Lebens Glück entriß mir dieses Blatt,
Und läßt mich größern Jammer noch befürchten.
(Sie entfaltet's.)

Wohlan! Getrost, mein Herz, und schaudre nicht,
Die Neige dieses bittren Kelchs zu schlürfen.
(Blickt hinein.)
Des Königs Hand und Siegel!

Hofmeisterin *(die ihr das Blatt abnimmt).*
Gutes Kind,
Bedaure mich, indem du dich bejammerst.
Ich übernahm das traurige Geschäft,
Der Allgewalt Befehl vollzieh ich nur,
Um dir in deinem Elend beizustehn,
Dich keiner fremden Hand zu überlassen.
Was meine Seele peinigt, was ich noch
Von diesem schrecklichen Ereignis kenne,
Erfährst du künftig. Jetzt verzeihe mir,
Wenn mich die eiserne Notwendigkeit,
Uns unverzüglich einzuschiffen, zwingt.

SECHSTER AUFTRITT

Eugenie allein, hernach Hofmeisterin im Grunde.

Eugenie. So ist mir denn das schönste Königreich,
Der Hafenplatz, von Tausenden belebt,
Zur Wüste worden, und ich bin allein.
Hier sprechen edle Männer nach Gesetzen,
Und Krieger lauschen auf gemeßnes Wort.
Hier flehen heilig Einsame zum Himmel;
Beschäftigt strebt die Menge nach Gewinn.
Und mich verstößt man, ohne Recht und Urteil,
Nicht *eine* Hand bewaffnet sich für mich,
Man schließt mir die Asyle, niemand mag
Zu meinen Gunsten wenig Schritte wagen.
Verbannung! Ja, des Schreckensworts Gewicht
Erdrückt mich schon mit allen seinen Lasten.
Schon fühl ich mich ein abgestorbnes Glied,
Der Körper, der gesunde, stößt mich los.
Dem selbstbewußten Toten gleich ich, der,
Ein Zeuge seiner eigenen Bestattung,
Gelähmt, in halbem Traume, grausend liegt.
Entsetzliche Notwendigkeit! Doch wie?

Ist mir nicht eine Wahl verstattet? Kann
Ich nicht des Mannes Hand ergreifen, der
Mir, einzig edel, seine Hilfe beut? –
Und könnt' ich das? Ich könnte die Geburt,
Die mich so hoch hinaufgerückt, verleugnen!
Von allem Glanze jener Hoffnung mich
Auf ewig trennen! Das vermag ich nicht!
O fasse mich, Gewalt, mit ehrnen Fäusten!
Geschick, du blindes, reiße mich hinweg!
Die Wahl ist schwerer als das Übel selbst,
Die zwischen zweien Übeln schwankend bebt.

(Hofmeisterin, mit Leuten, welche Gepäcke tragen, geht schweigend hinten vorbei.)

Sie kommen! Tragen meine Habe fort,
Das letzte, was von köstlichem Besitz
Mir übrigblieb. Wird es mir auch geraubt?
Man bringt's hinüber, und ich soll ihm nach.
Ein günst'ger Wind bewegt die Wimpel seewärts,
Bald werd ich alle Segel schwellen sehn.
Die Flotte löset sich vom Hafen ab!
Und nun das Schiff, das mich Unsel'ge trägt.
Man kommt! Man fordert mich an Bord. O Gott!
Ist denn der Himmel ehern über mir?
Dringt meine Jammerstimme nicht hindurch?
So sei's! Ich gehe! Doch mich soll das Schiff
In seines Kerkers Räume nicht verschlingen.
Das letzte Brett, das mich hinüberführt,
Soll meiner Freiheit erste Stufe werden.
Empfangt mich dann, ihr Wellen, faßt mich auf,
Und fest umschlingend senket mich hinab
In eures tiefen Friedens Grabesschoß.
Und wenn ich dann vom Unbill dieser Welt
Nichts mehr zu fürchten habe, spült zuletzt
Mein bleichendes Gebein dem Ufer zu,
Daß eine fromme Seele mir das Grab
Auf heim'schem Boden wohlgesinnt bereite.
(Mit einigen Schritten.)
Wohlan denn!
(Hält inne.) Will mein Fuß nicht mehr gehorchen?
Was fesselt meinen Schritt, was hält mich hier?

Unsel'ge Liebe zum unwürd'gen Leben!
Du führest mich zum harten Kampf zurück.
Verbannung, Tod, Entwürdigung umschließen
Mich fest und ängsten mich einander zu.
Und wie ich mich von einem schaudernd wende,
So grinst das andre mir mit Höllenblick.
Ist denn kein menschlich, ist kein göttlich Mittel,
Von tausendfacher Qual mich zu befreien?
O daß ein einzig ahnungsvolles Wort
Zufällig, aus der Menge, mir ertönte!
O daß ein Friedensvogel mir vorbei
Mit leisem Fittich leitend sich bewegte!
Gern will ich hin, wohin das Schicksal ruft:
Es deute nur! und ich will gläubig folgen.
Es winke nur! ich will dem heil'gen Winke,
Vertrauend, hoffend, ungesäumt mich fügen.

SIEBENTER AUFTRITT

Eugenie. Mönch.

Eugenie *(die eine Zeitlang vor sich hingesehen, indem sie die Augen aufhebt und den Mönch erblickt).*
Ich darf nicht zweifeln, ja! ich bin gerettet!
Ja! dieser ist's, der mich bestimmen soll.
Gesendet auf mein Flehn, erscheint er mir,
Der Würdige, Bejahrte, dem das Herz
Beim ersten Blick vertraut entgegenflieht.
(Ihm entgegengehend.)
Mein Vater! Laß den ach! mir nun versagten,
Verkümmerten, verbotnen Vaternamen
Auf dich, den edlen Fremden, übertragen.
Mit wenig Worten höre meine Not.
Nicht als dem weisen, wohlbedächt'gen Mann,
Dem gottbegabten Greise leg ich sie,
Mit schmerzlichem Vertraun, dir an die Brust.
Mönch. Was dich bedrängt, eröffne freien Mutes.
Nicht ohne Schickung trifft der Leidende
Mit dem zusammen, der als höchste Pflicht
Die Linderung der Leiden üben soll.

Eugenie. Ein Rätsel statt der Klagen wirst du hören,
Und ein Orakel fordr' ich, keinen Rat.
Zu zwei verhaßten Zielen liegen mir
Zwei Wege vor den Füßen, einer dorthin,
Hierhin der andre – welchen soll ich wählen?
Mönch. Du führst mich in Versuchung! Soll ich nur
Als Los entscheiden?
Eugenie. Als ein heilig Los.
Mönch. Begreif ich dich, so hebt aus tiefer Not
Zu höhern Regionen sich dein Blick.
Erstorben ist im Herzen eigner Wille,
Entscheidung hoffst du dir vom Waltenden.
Jawohl! Das ewig Wirkende bewegt
Uns unbegreiflich, dieses oder jenes
Als wie von ohngefähr zu unserm Wohl,
Zum Rate, zur Entscheidung, zum Vollbringen,
Und wie getragen werden wir ans Ziel.
Dies zu empfinden, ist das höchste Glück,
Es nicht zu fordern, ist bescheidne Pflicht,
Es zu erwarten, schöner Trost im Leiden.
O wär' ich doch gewürdigt, nun für dich,
Was dir am besten frommte, vorzufühlen!
Allein die Ahnung schweigt in meiner Brust,
Und kannst du mehr nicht mir vertraun, so nimm
Ein fruchtlos Mitleid hin zum Lebewohl.
Eugenie. Schiffbrüchig faß ich noch die letzte Planke!
Dich halt ich fest und sage wider Willen
Zum letztenmal das hoffnungslose Wort:
Aus hohem Haus entsprossen, werd ich nun
Verstoßen, übers Meer verbannt und könnte
Mich durch ein Ehebündnis retten, das
Zu niedren Sphären mich herunterzieht.
Was sagt nun dir das Herz? Verstummt es noch?
Mönch. Es schweige, bis der prüfende Verstand
Sich als ohnmächtig selbst bekennen muß.
Du hast nur Allgemeines mir vertraut,
Ich kann dir nur das Allgemeine raten.
Bist du zur Wahl genötigt unter zwei
Verhaßten Übeln, fasse sie ins Auge
Und wähle, was dir noch den meisten Raum

Zu heil'gem Tun und Wirken übrigläßt,
Was deinen Geist am wenigsten begrenzt,
Am wenigsten die frommen Taten fesselt.
Eugenie. Die Ehe, merk ich, rätst du mir nicht an.
Mönch. Nicht eine solche, wie sie dich bedroht.
Wie kann der Priester segnen, wenn das Ja
Der holden Braut nicht aus dem Herzen quillt.
Er soll nicht Widerwärt'ges aneinander
Zu immer neu erzeugtem Streite ketten;
Den Wunsch der Liebe, die zum All das eine,
Zum Ewigen das Gegenwärtige,
Das Flüchtige zum Dauernden erhebt,
Den zu erfüllen, ist sein göttlich Amt.
Eugenie. Ins Elend übers Meer verbannst du mich.
Mönch. Zum Troste jener drüben ziehe hin.
Eugenie. Wie soll ich trösten, wenn ich selbst verzweifle?
Mönch. Ein reines Herz, wovon dein Blick mir zeugt,
Ein edler Mut, ein hoher, freier Sinn
Erhalten dich und andre, wo du auch
Auf dieser Erde wandelst. Wenn du nun,
In frühen Jahren ohne Schuld verbannt,
Durch heil'ge Fügung fremde Fehler büßest,
So führst du wie ein überirdisch Wesen
Der Unschuld Glück und Wunderkräfte mit.
So ziehe denn hinüber! Trete frisch
In jenen Kreis der Traurigen. Erheitre
Durch dein Erscheinen jene trübe Welt.
Durch mächt'ges Wort, durch kräft'ge Tat errege
Der tief gebeugten Herzen eigne Kraft;
Vereine die Zerstreuten um dich her,
Verbinde sie einander, alle dir;
Erschaffe, was du hier verlieren sollst,
Dir Stamm und Vaterland und Fürstentum.
Eugenie. Getrautest du, zu tun, was du gebietest?
Mönch. Ich tat's! – Als jungen Mann entführte schon
Zu wilden Stämmen mich der Geist hinüber.
Ins rohe Leben bracht' ich milde Sitte,
Ich brachte Himmelshoffnung in den Tod.
O hätt' ich nicht, verführt von treuer Neigung,
Dem Vaterland zu nützen, mich zurück

Zu dieser Wildnis frechen Städtelebens,
Zu diesem Wust verfeinerter Verbrechen,
Zu diesem Pfuhl der Selbstigkeit gewendet!
Hier fesselt mich des Alters Unvermögen,
Gewohnheit, Pflichten; ein Geschick vielleicht,
Das mir die schwerste Prüfung spät bestimmt.
Du aber, jung, von allen Banden frei,
Gestoßen in das Weite, dringe vor
Und rette dich! Was du als Elend fühlst,
Verwandelt sich in Wohltat! Eile fort!

Eugenie. Eröffne klarer! Was befürchtest du?

Mönch.
Im Dunklen drängt das Künft'ge sich heran,
Das künftig Nächste selbst erscheinet nicht
Dem offnen Blick der Sinne, des Verstands.
Wenn ich beim Sonnenschein durch diese Straßen
Bewundernd wandle, der Gebäude Pracht,
Die felsengleich getürmten Massen schaue,
Der Plätze Kreis, der Kirchen edlen Bau,
Des Hafens masterfüllten Raum betrachte:
Das scheint mir alles für die Ewigkeit
Gegründet und geordnet; diese Menge
Gewerksam Tätiger, die hin und her
In diesen Räumen wogt, auch die verspricht,
Sich unvertilgbar ewig herzustellen.
Allein wenn dieses große Bild bei Nacht
In meines Geistes Tiefen sich erneut,
Da stürmt ein Brausen durch die düstre Luft,
Der feste Boden wankt, die Türme schwanken,
Gefugte Steine lösen sich herab,
Und so zerfällt in ungeformten Schutt
Die Prachterscheinung. Wenig Lebendes
Durchklimmt bekümmert neuentstandne Hügel,
Und jede Trümmer deutet auf ein Grab.
Das Element zu bändigen, vermag
Ein tiefgebeugt, vermindert Volk nicht mehr,
Und rastlos wiederkehrend füllt die Flut
Mit Sand und Schlamm des Hafens Becken aus.

Eugenie. Die Nacht entwaffnet erst den Menschen, dann
Bekämpft sie ihn mit nichtigem Gebild.

Mönch. Ach! Bald genug steigt über unsern Jammer
Der Sonne trübgedämpfter Blick heran.
Du aber fliehe, die ein guter Geist
Verbannend segnete. Leb wohl und eile!

ACHTER AUFTRITT

Eugenie *(allein).* Vom eignen Elend leitet man mich ab,
Und fremden Jammer prophezeit man mir.
Doch wär' es fremd, was deinem Vaterland
Begegnen soll? Dies fällt mit neuer Schwere
Mir auf die Brust! Zum gegenwärt'gen Übel
Soll ich der Zukunft Geistesbürden tragen?
So ist's denn wahr, was in der Kindheit schon
Mir um das Ohr geklungen, was ich erst
Erhorcht, erfragt und nun zuletzt sogar
Aus meines Vaters, meines Königs Mund
Vernehmen mußte! Diesem Reiche droht
Ein jäher Umsturz. Die zum großen Leben
Gefugten Elemente wollen sich
Nicht wechselseitig mehr mit Liebeskraft
Zu stets erneuter Einigkeit umfangen.
Sie fliehen sich, und einzeln tritt nun jedes
Kalt in sich selbst zurück. Wo blieb der Ahnherrn
Gewalt'ger Geist, der sie zu *einem* Zweck
Vereinigte, die feindlich Kämpfenden?
Der diesem großen Volk als Führer sich,
Als König und als Vater dargestellt?
Er ist entschwunden! Was uns übrigbleibt,
Ist ein Gespenst, das mit vergebnem Streben
Verlorenen Besitz zu greifen wähnt.
Und solche Sorge nähm' ich mit hinüber?
Entzöge mich gemeinsamer Gefahr?
Entflöhe der Gelegenheit, mich kühn
Der hohen Ahnen würdig zu beweisen,
Und jeden, der mich ungerecht verletzt,
In böser Stunde hilfreich zu beschämen?
Nun bist du, Boden meines Vaterlands,
Mir erst ein Heiligtum, nun fühl ich erst

Den dringenden Beruf, mich anzuklammern.
Ich lasse dich nicht los, und welches Band
Mich dir erhalten kann, es ist nun heilig.
Wo find ich jenen gutgesinnten Mann,
Der mir die Hand so traulich angeboten?
An ihn will ich mich schließen! Im Verborgnen
Verwahr' er mich, als reinen Talisman.
Denn, wenn ein Wunder auf der Welt geschieht,
Geschieht's durch liebevolle, treue Herzen.
Die Größe der Gefahr betracht ich nicht,
Und meine Schwäche darf ich nicht bedenken:
Das alles wird ein günstiges Geschick
Zu rechter Zeit auf hohe Zwecke leiten.
Und wenn mein Vater, mein Monarch mich einst
Verkannt, verstoßen, mich vergessen, soll
Erstaunt ihr Blick auf der Erhaltnen ruhn,
Die das, was sie im Glücke zugesagt,
Aus tiefem Elend zu erfüllen strebt.
Er kommt! Ich seh ihm freudiger entgegen,
Als ich ihn ließ. Er kommt. Er sucht mich auf!
Zu scheiden denkt er – bleiben werd ich ihm.

NEUNTER AUFTRITT

Eugenie. Gerichtsrat. Ein Knabe mit einem schönen Kästchen.

Gerichtsrat.
Schon ziehn die Schiffe nacheinander fort,
Und bald, so fürcht ich, wirst auch du berufen.
Empfange noch ein herzlich Lebewohl
Und eine frische Gabe, die auf langer Fahrt
Beklommnen Reisenden Erquickung atmet.
Gedenke mein! O daß du meiner nicht
Am bösen Tage sehnsuchtsvoll gedenkest!

Eugenie. Ich nehme dein Geschenk mit Freuden an,
Es bürgt mir deine Neigung, deine Sorgfalt;
Doch send es eilig in dein Haus zurück!
Und wenn du denkst, wie du gedacht, empfindest,
Wie du empfunden, wenn dir meine Freundschaft
Genügen kann, so folg ich dir dahin.

Gerichtsrat *(nach einer Pause, den Knaben durch einen Wink entfernend).*
Ist's möglich? Hätte sich zu meiner Gunst,
In kurzer Zeit, dein Wille so verändert?
Eugenie. Er ist verändert! Aber denke nicht,
Daß Bangigkeit mich dir entgegentreibe.
Ein edleres Gefühl – laß mich's verbergen! –
Hält mich am Vaterland, an dir zurück.
Nun sei's gefragt: Vermagst du, hohen Muts,
Entsagung der Entsagenden zu weihen?
Vermagst du zu versprechen, mich als Bruder
Mit reiner Neigung zu empfangen, mir,
Der liebevollen Schwester, Schutz und Rat
Und stille Lebensfreude zu gewähren?
Gerichtsrat. Zu tragen glaub ich alles, nur das eine,
Dich zu verlieren, da ich dich gefunden,
Erscheint mir unerträglich. Dich zu sehen,
Dir nah zu sein, für dich zu leben, wäre
Mein einzig höchstes Glück. Und so bedinge
Dein Herz allein das Bündnis, das wir schließen.
Eugenie. Von dir allein gekannt, muß ich fortan,
Die Welt vermeidend, im Verborgnen leben.
Besitzest du ein still entferntes Landgut,
So widm' es mir und sende mich dahin.
Gerichtsrat.
Ein kleines Gut besitz ich, wohlgelegen;
Doch alt und halb verfallen ist das Haus.
Du kannst jedoch in jener Gegend bald
Die schönste Wohnung finden, sie ist feil.
Eugenie. Nein! In das altverfallne laß mich ziehn,
Zu meiner Lage stimmt es, meinem Sinn.
Und wenn er sich erheitert, find ich gleich
Der Tätigkeit bereiten Stoff und Raum.
Sobald ich mich die Deine nenne, laß,
Von irgendeinem alten zuverläß'gen Knecht
Begleitet, mich, in Hoffnung einer künft'gen
Beglückten Auferstehung, mich begraben.
Gerichtsrat.
Und zum Besuch, wann darf ich dort erscheinen?
Eugenie. Du wartest meinen Ruf geduldig ab.

Auch solch ein Tag wird kommen, uns vielleicht
Mit ernsten Banden enger zu verbinden.
Gerichtsrat. Du legest mir zu schwere Prüfung auf.
Eugenie. Erfülle deine Pflichten gegen mich;
Daß ich die meinen kenne, sei gewiß.
Indem du, mich zu retten, deine Hand
Mir bietest, wagst du viel. Werd ich entdeckt,
Werd ich's zu früh, so kannst du vieles dulden.
Ich sage dir das tiefste Schweigen zu:
Woher ich komme, niemand soll's erfahren,
Ja die entfernten Lieben will ich nur
Im Geist besuchen, keine Zeile soll,
Kein Bote dort mich nennen, wo vielleicht
Zu meinem Heil ein Funke glühen möchte.
Gerichtsrat.
In diesem wicht'gen Fall, was soll ich sagen?
Uneigennütz'ge Liebe kann der Mund
Mit Frechheit oft beteuern, wenn im Herzen
Der Selbstsucht Ungeheuer lauschend grinst.
Die Tat allein beweist der Liebe Kraft.
Indem ich dich gewinne, soll ich allem
Entsagen, deinem Blick sogar! Ich will's.
Wie du zum ersten Male mir erschienen,
Erscheinst du bleibend mir, ein Gegenstand
Der Neigung, der Verehrung. Deinetwillen
Wünsch ich zu leben, du gebietest mir.
Und wenn der Priester sich, sein Leben lang,
Der unsichtbaren Gottheit niederbeugt,
Die im beglückten Augenblick vor ihm
Als höchstes Musterbild vorüberging,
So soll von deinem Dienste mich fortan,
Wie du dich auch verhüllest, nichts zerstreun.
Eugenie. Ob ich vertraue, daß dein Äußres nicht,
Nicht deiner Worte Wohllaut lügen kann;
Daß ich empfinde, welch ein Mann du bist,
Gerecht, gefühlvoll, tätig, zuverlässig:
Davon empfange den Beweis, den höchsten,
Den eine Frau besonnen geben kann!
Ich zaudre nicht, ich eile, dir zu folgen!
Hier meine Hand: wir gehen zum Altar.

NACHWORT

I

Die *Natürliche Tochter,* nach *Iphigenie* und *Torquato Tasso* Goethes drittes und letztes Drama der Hochklassik, entstand in der Auseinandersetzung mit der Französischen Revolution. Nach seinen eigenen Worten bereitete sich Goethe in dem Plan zu diesem Drama „ein Gefäß, worin er alles, was er so manches Jahr über die französische Revolution und deren Folgen geschrieben und gedacht hatte, mit geziemendem Ernste niederzulegen hoffte".

Den aus Italien heimkehrenden Dichter hatten die französischen Ereignisse alsbald in ihren Bann geschlagen: sie bedrohten, was er sich in Italien errungen hatte und nun gesichert glaubte. Dort war der Übergang zum klassischen Stil vollzogen worden, der Schritt von der Willkür zum Gesetzhaften, von der Subjektivität des Strebens und Tuns zur Anerkennung objektiver Normen. An Kunst, Natur und Sitte war Goethe das neue Lebensgefühl zur Gewißheit geworden. So war die Welt von ihm als eine gesetzlich geordnete erkannt und – was mehr ist – als solche anerkannt. Das Individuum erfuhr sich als an diese Ordnung gebunden, als Teil des umfassenden Kosmos und entsagte willkürlichem Streben. All dies schien durch die Französische Revolution zutiefst erschüttert zu werden. Goethe konnte sie auf Grund seiner organischen Anschauungsweise nur als Katastrophe, als den zerstörerischen Einbruch elementarer Mächte verstehen. So trat er als einer der wenigen von denen, die das deutsche Geistesleben um 1800 bestimmten, sogleich entschieden gegen die Französische Revolution auf.

Mit innerer Notwendigkeit setzt seine „grenzenlose Bemühung" ein, „dieses schrecklichste aller Ereignisse in seinen Ursachen und Folgen dichterisch zu gewältigen", wovon zunächst die verschiedenen dramatischen Dichtungen der 90er Jahre zeugen: *Der Großkophta* (1790–92), *Der Bürgergeneral* (1793) und die Fragmente *Die Aufgeregten* (1793/94) und *Das Mädchen von Oberkirch* (1795/96). Doch diese Versuche, mit leichter Hand das Bedrohliche der Revolution wegzuwischen, wenigstens auf dramatischem Gebiet, scheiterten: „Die Urbilder dieser lustigen Gespenster", heißt es bei ihm selbst, „waren so furchtbar, als daß nicht selbst die Scheinbilder hätten beängstigen sollen." Vor dem Hintergrund der fortschreitenden politischen Umwälzungen und der Greuel der Französischen Revolution, die jetzt ganz Europa bedrohte, wurde lustspielhaftes Gebaren zur Grimasse. Anders auf epischem Gebiete: Schon die zwischen 1796 und 1797 entstandenen *Unterhaltungen deutscher Ausgewanderten,* in denen Goethe die Novellen-Form für die deutsche Literatur gewann, mehr noch das Epos *Hermann und Dorothea* (1797), beide auf das Revolutionsgeschehen bezogen, besitzen größeres Gewicht.

Doch haben alle diese Werke – mit Ausnahme des *Großkophta,* der die Halsbandgeschichte behandelt – nicht den eigentlichen Umsturz zum Thema, sondern dessen Ausstrahlungen in das nahe Südwestdeutschland. Erst in der *Natürlichen Tochter* versucht Goethe, die tiefere Wirkung der Revolution auf den Menschen und alles Menschliche zum zentralen Thema der Dichtung zu machen.

II

Den Stoff zu diesem Drama hatte ihm Schiller vermittelt. Auf dessen Anregung las er 1799 die *Mémoires historiques de Stephanie-Louise de Bourbon-Conti,* die 1798 in Paris erschienen waren und das abenteuerliche Schicksal einer illegitimen Adelstochter in den Revolutionswirren schilderten.

Sogleich während der Lektüre setzte die Konzeption des Dramas ein. Zwar kam die Arbeit – wegen Goethes schwerer Krankheit und der Reise nach Göttingen und Pyrmont – bald darauf zum Erliegen, wurde aber 1801 wieder aufgenommen. Ende dieses Jahres war der 1. Akt fertig, 1802 wurde die Arbeit fortgesetzt, ohne daß selbst die engsten Freunde dieser Jahre – Schiller und Wilhelm von Humboldt – davon wußten. „Unter den Tumulten dieses Jahres ließ ich doch nicht ab, meinen Liebling Eugenien im stillen zu hegen."

So war die Überraschung allgemein, als im April 1803 das

neue Stück aufgeführt wurde und noch im selben Jahr im Druck erschien. Doch von Schillers und Fichtes begeisterter Zustimmung abgesehen, nahm das Publikum dieses neue Werk kaum sehr günstig auf. Und auch in der seither verflossenen Zeit hat sich daran nichts geändert, so daß die *Natürliche Tochter* nicht eigentlich zu den lebendigen, auf dem Theater gespielten Stücken Goethes gehört.

Das Trauerspiel sollte – nach der ursprünglichen Konzeption – nur der erste Teil einer größeren Dichtung sein. Zunächst war eine Trilogie geplant. Die erhaltenen Schemata indessen lassen lediglich eine Zweiteilung erkennen. Auch gedieh keiner der Fortsetzungspläne über die ersten Skizzen hinaus. So bleibt der erste abgeschlossene Teil, da die Schemata wenig Aufschluß über das Geplante geben, als ein relativ fertiges, selbständiges Werk bestehen.

III

„Meine Eugenie ist eine Kette von lauter Motiven; und dies kann auf der Bühne kein Glück machen", sagte Goethe später (1825) zu Eckermann. Von solcher Selbstinterpretation ausgehend, ist als das zentrale Motiv des Stückes Eugeniens Eintritt in die Welt anzusehen.

Das am häufigsten dafür verwendete Wort lautet „erscheinen" – ein Wort aus Goethes morphologischer Terminologie. „Erscheinen", eine Art vegetabilisches Geschehen, tritt in diesem Drama an die Stelle dessen, was man sonst gemeinhin „Handlung" nennt, und beherrscht besonders die beiden ersten Akte. Es steigert sich in mehreren, rasch aufeinanderfolgenden Stufen, um schließlich in der Szene II, 3–5 den Höhepunkt zu erreichen.

> „Der Herzog, stolz auf seiner Tochter Wert,
> Läßt nach und nach sie öffentlich erscheinen."
> (V. 740/41)

Um dieses Motiv lagern sich andere: Licht- und Goldmetaphern begleiten das „Erscheinen", Adverbia deuten es als eine Aufwärtsbewegung in die lichte Höhe des Lebens.

> „So hob ich mich vor kurzem aus der Nacht
> Des Todes an des Tages Licht herauf." (V. 1876/77)

Doch indem „Erscheinen" das „Eintreten in die Welt" bedeutet, ist es zugleich auch Zusammentreffen mit dem Widerständigen in der Welt. Und diese widerständige Welt wird in der *Natürlichen Tochter* durch das Motiv des Netzes oder Labyrinthes dargestellt.

„Aus stillem Kreise trittst du nun heraus
In weite Räume, wo dich Sorgendrang,
Vielfach geknüpfte Netze, Tod vielleicht
Von meuchelmörderischer Hand erwartet." (V. 1122–25)

Oder:

„Du wirst fortan, mit mir ins Netzt verstrickt,
Gelähmt, verworren, dich und mich betrauren."
(V. 475/76)

Die Netz- und Labyrinthmetaphern schließen sich zu einer einheitlichen Sinn- und Bedeutungsschicht zusammen, die sich unter die Charakter- und „Handlungs"-Ebene schiebt, einer eigenen Gesetzlichkeit motivischer Verknüpfung gehorcht und auf ihre Weise das Geschehen des Stückes deutet.

An sich bedeutet das Netz als Metapher in der Welt-Darstellung nichts anderes als eine Wiederaufnahme des Goetheschen Lieblingsgleichnisses vom Leben als einem Gewebe. Doch diese Vorstellung hat in dem Geschehen der *Natürlichen Tochter* eine wesentliche Verschärfung erfahren, indem eben die Netz- und Labyrinthstruktur dieser Welt das Erscheinen Eugeniens in ihr unmöglich macht. Das zum Eintritt in die Welt drängende Wesen ist dadurch tödlich gefährdet.

„Nun drängt das Wirkliche mit dichten Massen
An mich heran und droht, mich zu erdrücken."
(V. 1679/80)

Und so verwandelt sich der Vorgang des „Erscheinens" im Verlauf des Stückes, besonders in den beiden letzten Akten, wieder in ein gegenläufiges Geschehen des „Verschwindens". Eugenie – die unbarmherzige Umgebung will es nicht anders – muß „auf einmal aus der Welt verschwinden" (V. 794).

Diesen Wandel spiegeln die Lichtmetaphern und neue Adverbien: Indem „Erscheinen" zum „Verschwinden" wird, wird aus dem Weg hinauf ins Helle ein Weg hinab ins Dunkle. Die beiden ersten Akte – mit der vorherrschenden Aufwärtsbewegung ins Helle – und die beiden letzten Akte –

mit der vorherrschenden Abwärtsbewegung ins Dunkle – stehen einander symmetrisch gegenüber. Der dritte Akt – als Angelpunkt des Stückes – zeigt das entscheidende Ereignis, den „Tod" Eugeniens, indirekt in der Wirkung auf den Herzog und Vater: „Wie durch einen Flor scheint das Geschehen durch, die unmittelbare Wirkung des ungeheuren Stoffes ist abgedämpft."

Noch weitere Metaphernreihen begleiten und deuten das Geschehen: schon im zweiten Akt wird deutlich, daß die Gold-Bilder nicht nur Bezug auf Eugeniens „Erscheinen" haben, sondern zugleich einen verlockenden, blendenden Aspekt der Welt geben, der hier noch die Gefährlichkeit der Netzstruktur der Welt verdeckt.

Diese Goldmetaphern fehlen bezeichnenderweise in den beiden letzten Akten, in denen die Netz-Motive zunehmend dominieren und durch einen weiteren Motivkomplex verstärkt werden: durch Elemente-Bilder, die in den beiden letzten Akten („Platz am Hafen") als gestaltloses Meer auch szenische Gegenwart gewinnen. Und diese Elemente-Metaphern geben zum einen das Ziel des „Verschwindens" an: Die Gestalt soll sich ins Chaotische verlieren, in die Elemente auflösen.

„Sie ist dahin für alle, sie verschwindet
Ins Nichts der Asche." (V. 1183/84)

Zum anderen wird damit der momentane Zustand der geschichtlichen Welt gedeutet: Alle Ordnung ist aufgelöst, die Elemente streben auseinander, das Chaos beginnt seine Herrschaft, der Mensch ist in seiner Existenz bedroht.

„O diese Zeit hat fürchterliche Zeichen:
Das Niedre schwillt, das Hohe senkt sich nieder..."
(V. 361 ff.)

IV

Ein Geflecht von verschiedenen Motiven vermittelt so den gefährlichen, drohenden Weltzustand, in dem die Figuren des Stückes sich bewegen, Figuren, die schon durch die eigentümliche Art der Namengebung die zwischen ihnen bestehende dramatische Spannung ahnen lassen: Alle – außer

Eugenie, die als „natürliche Tochter“ ihren Vornamen trägt – sind nur durch soziale Standesbezeichnungen markiert. Man hat daraus auf Goethes Neigung zum Typischen schließen wollen. Aber abgesehen davon, daß kaum eine dieser Figuren dem Typus eines Königs, Herzogs, Sekretärs usw. entspricht, erscheint bei Goethe das Typische am reinsten immer im Individuellen. Die sonderbare Namengebung ist vielmehr aus dem besonderen dramatischen Stil der *Natürlichen Tochter* zu begreifen, und die zentralen Verse:

„Der Schein, was ist er, dem das Wesen fehlt?
Das Wesen, wär’ es, wenn es nicht erschiene?“
(V. 1066/67)

bergen die Auflösung des Rätsels:

Eugenie, reines Wesen – worauf der bloße Vornamen hinweist –, versucht vergeblich, in der Welt zu erscheinen: indem ihr das Erscheinen versagt ist, ist auch ihr Wesen gefährdet. Die anderen Figuren – mit Ausnahme etwa des Gerichtsrates und des Mönches – sind zwar in der Welt erschienen, sie sind aber nicht wesenhafte Erscheinungen, sondern – wie ihre Standesnamen bereits andeuten – lediglich soziale „Rubriken“, ihrem Wesen entfremdete Figuren, nichts als Funktionen. Dem „Mächtigen“ der Welt haben sie ihr wesenhaftes Sein geopfert. Alle – auch König und Herzog – stehen unter dem Gebot eines anonymen Mächtigen, das sie regiert. Symbol seiner Herrschaft ist jenes „Papier“, das – im vierten und fünften Akt – in der Hand der Hofmeisterin jeden Versuch Eugeniens, sich dem Gegenüber im Dialog zu offenbaren und so zu „erscheinen“, unmöglich macht, alle gewechselten Worte zu einem „vergeblichen Wort“ (V. 2565) werden läßt und Eugenie in die Verzweiflung treibt. Für ihr Streben nach wesenhafter, unbedingter Erscheinung ist kein Raum in solcher, von anonymen und doch so wirkkräftigen Mächten durchwalteten Welt.

Nur ein einziger Weg, dem vernichtenden Druck der Welt zu entgehen, öffnet sich für Eugenie: die „Entsagung“, d.h. die Abkehr von der subjektiven, auf unbedingtes Erscheinen gerichteten Einstellung gegenüber der Wirklichkeit.

„Entsagte sie der nicht gegönnten Höhe …
Gelöst wär’ alles …“ (V. 1808 ff.)

Damit wird ein Thema angeschlagen, das (schon in den Tagebüchern und Briefen der Früh-Weimarer Zeit auftauchend) von nun an in den späten Dichtungen Goethes nicht mehr verstummen wird, nicht in den *Wahlverwandtschaften* und nicht in den *Wanderjahren,* die ja den bezeichnenden Untertitel *Die Entsagenden* tragen. Dem Motiv der „Entsagung" zugeordnet, tritt in den beiden letzten Akten neben die bedrohlichen Netz- und Elemente-Bilder mit zunehmender Bedeutung ein neues Symbol: der Kreis. Der Mensch, vom Schicksal zum Entsagen gezwungen, wendet sich aus der weiten Welt zurück in die Enge, in den geschlossenen, bergenden Kreis, ins Häusliche.

„Im Hause, wo der Gatte sicher waltet,
Da wohnt allein der Friede, den vergebens
Im Weiten du, da draußen suchen magst." (V. 2179–81)

Was schon der Schluß von *Hermann und Dorothea* offenbart, zeigt sich auch hier: Eine Möglichkeit der Wiedergewinnung der menschlichen Freiheit gegenüber dem andringenden Wirklichen und Mächtigen, gegen das der einzelne nichts auszurichten vermag, liegt im gewollten und bejahten, d. h. im freien Rückzug auf das Begrenzte und Eigene. Eugenie vollzieht am Ende des Stückes den Schritt in den verborgenen, aber zugleich bergenden Kreis, den der Gerichtsrat ihr durch die Ehe öffnet, und entgeht so dem zerstörenden Druck des Wirklichen. Entsagend vermag sie im umzirkten Raume noch zu „erscheinen", relatives „Glück" zu erreichen.

V

Daß Goethe diesen Weg auch für sich selber gemäß erachtete, zeigt ein Brief an Jacobi (19. August 1793), in dem er äußert, daß die „politische Stimmung" aller Menschen ihn nach Hause treibe, wo er einen „Kreis" um sich ziehen könne, „in welchen außer Liebe und Freundschaft, Kunst und Wissenschaft nichts herein könne". Was in diesen Briefworten direkt ausgesprochen ist, wird in der *Natürlichen Tochter* als Problematik der menschlichen Existenz in einer Epoche tiefgreifender politischer und gesellschaftlicher Umwälzungen dichterisch, symbolisch gestaltet.

Die Französische Revolution war Goethe das Zeichen einer Weltenwende, durch die er Kräfte an die Macht gelangen sah, die die liebgewordenen, alten gesellschaftlichen Ordnungen hinwegfegten, ein Chaos folgen ließen und anscheinend nirgends Keime einer neuen Lebensordnung zeigten. In dieser Situation hielt er für dringlich, dem Menschen eine Möglichkeit der Rettung und Bewahrung zu zeigen. Er fand sie in der „Entsagung", die ihm durchaus kein bloßes „Verzichten" bedeutete, sondern ein neuartiges, tätiges Verhalten gegenüber der Wirklichkeit, ein bewußt sich selbst beschränkendes, begrenzendes Verhalten, dem aus der Anerkennung dieser Begrenztheit die Möglichkeit erwuchs, das Ziel alles menschlichen „Erscheinens" zu erreichen: Glück.

Glück kann – das ist die Lehre der *Natürlichen Tochter* – in einem solchen Weltzustand nur noch in und durch „Entsagen" wirklich werden. In diesem Sinne versuchte Goethe in der *Natürlichen Tochter* das „schrecklichste aller Ereignisse ... dichterisch zu gewältigen", entstand ein Drama, von dem Schiller ebenso bewundernd wie kritisch sagte, Goethe habe sich zwar darin des Theatralischen noch nicht bemächtigt – „es ist zu viel Rede und zu wenig Tat" –, aber die hohe Symbolik, mit der er den Stoff behandelt habe, so daß alles Stoffartige vertilgt und alles nur Glied eines ideellen Ganzen sei, diese sei wirklich bewundernswert.

Theo Stammen